ironna happaの刺しゅう

20の花物語

シライカズミ

文化出版局

はじめに

同じモチーフを刺しゅうしていても、ステッチ、糸、色が変わると
でき上がる作品の魅力がそれぞれ違ってくる。
私がずっと刺しゅうが大好きなのは、こんな理由かもしれません。
新しい作品に向かい、刺しゅう糸を通した針を持つと
次はどんなものが完成するのかなとドキドキ、ワクワクします。

木製刺しゅう枠にじっくり取り組んだり、
図案の好きな部分を選んで、ワンポイント刺しゅうをいろいろとチャレンジしたり、
同じモチーフのブローチを色違いで並べたり、
糸の種類や本数を変えて、アレンジして作ってみたり。

この本を手に取ってくださった皆さまに、
刺しゅう時間を楽しんでいただけるとうれしいです。

シライカズミ

花と鳥と蝶々のブローチ

木製刺しゅう枠作品の図案から好きな部分を選んで刺したブローチ。前ページと同作品。図案：67 ～ 69 ページ

b10
b11
b12
b13
b14
b15
b16
b17
b18

Contents

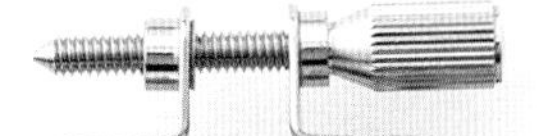

How to make

図案、記号の見方

✡ 作品の写真、図案は実物大です。

✡ 図案ページの番号はすべて、
OOE 花糸の色番号です。色見本：59 ページ

✡ 基本は花糸 1 本どりで刺しゅうします。
一部 2 本どりの場合は、図案内に表記しています。

✡ 図案ページの S はステッチの略です。
ステッチ名は **A～S** までのアルファベットにして
図案に表記しています。
基本のステッチの刺し方：49 ページ

✡ 作品を木製刺しゅう枠に入れて飾る場合は、
それぞれに表記してある刺しゅう枠のサイズを
参考にしてください。
木製刺しゅう枠への仕立て方：64 ページ

飛び立つ鳥と祝いの白い花々 1

これから見る、色あふれる景色を楽しみに。いつでも戻ってきていいからね。図案：10 ページ

1 飛び立つ鳥と祝いの白い花々

［OOE花糸］**2**（すべて同色の糸）
［stitch］
AストレートS
BバックS
CアウトラインS
DサテンS
FフィッシュボーンS
HチェーンS
IレゼーデージーS
JフレンチノットS
QスパイダーウェブS
RストレートS+フライS
［刺しゅう枠］直径15㎝

 写真：9ページ

[OOE花糸]**2・11**
[stitch]
BバックS
CアウトラインS
DサテンS
EロングアンドショートS
HチェーンS
IレゼーデージーS
JフレンチノットS
PウィービングS
RストレートS+フライS
[刺しゅう枠]直径15㎝

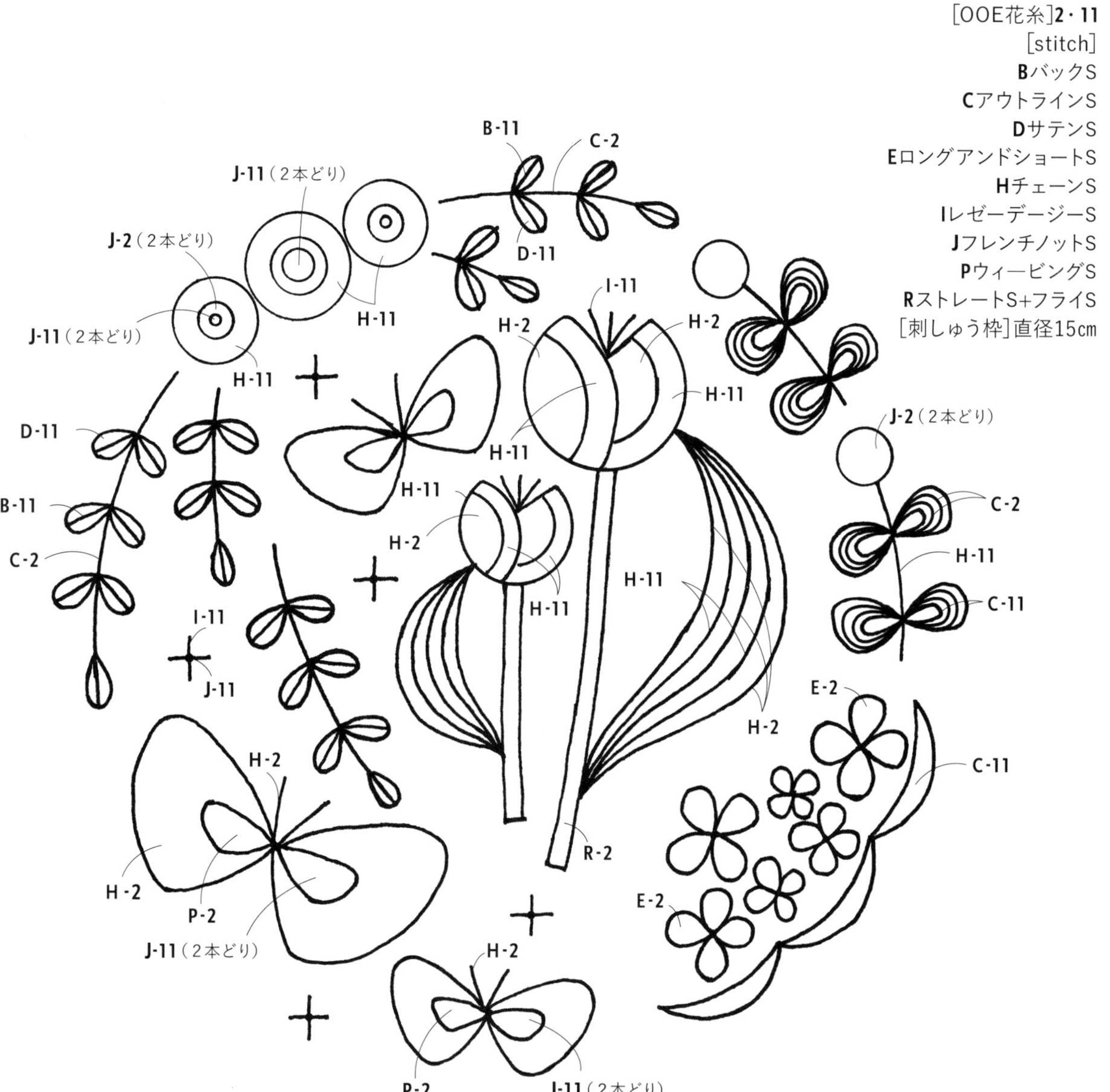

2 蝶々が舞いおりる

 楽しそうな花々のうたにさそわれて。あの子も、この子も。図案：11ページ

静かな時間が流れる。おだやかな、ところ。図案：14 ページ

3 モノトーンの花々

[OOE花糸]**2・17**
[stitch]
AストレートS
BバックS
CアウトラインS
DサテンS
EロングアンドショートS
HチェーンS
JフレンチノットS
MコーチングS
PウィービングS
RストレートS+フライS
[刺しゅう枠]直径15cm

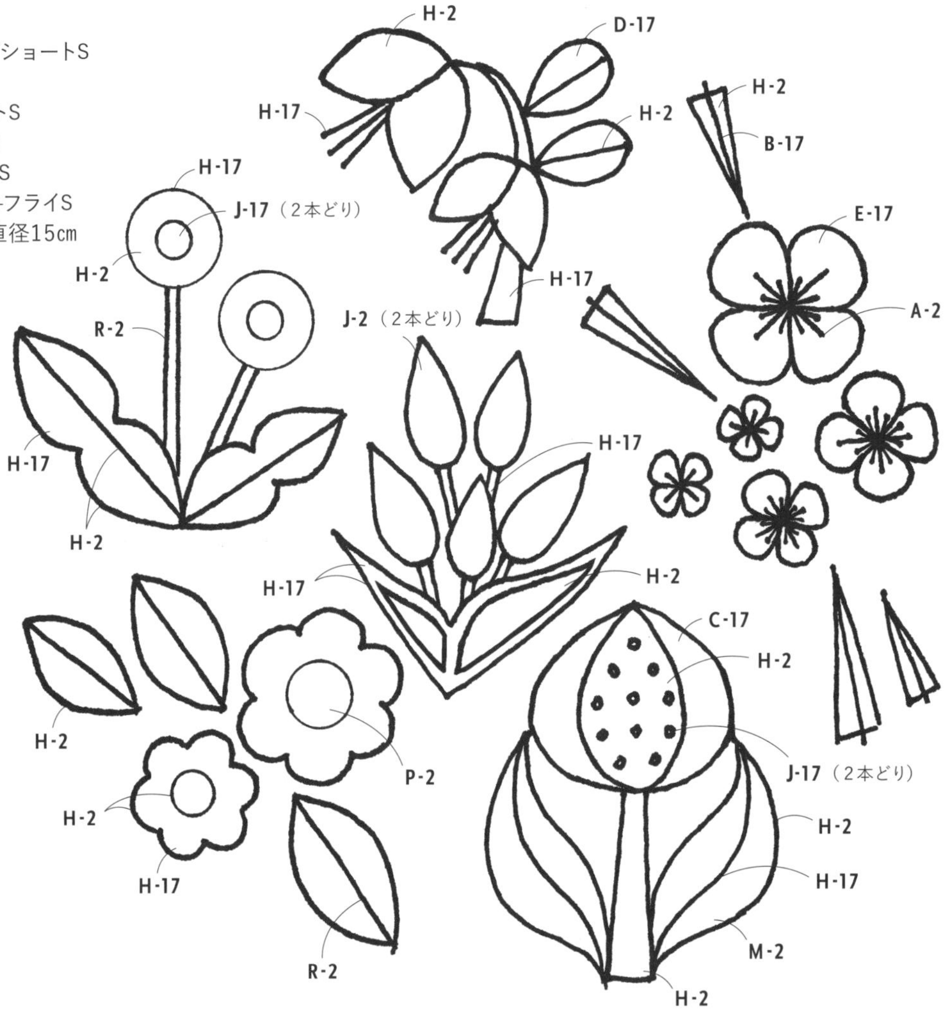

 写真：13ページ

スミレの咲くところ 4

［OOE花糸］**2・203・208・823・911**
［stitch］
AストレートS
DサテンS
EロングアンドショートS
HチェーンS
JフレンチノットS
［刺しゅう枠］直径15㎝

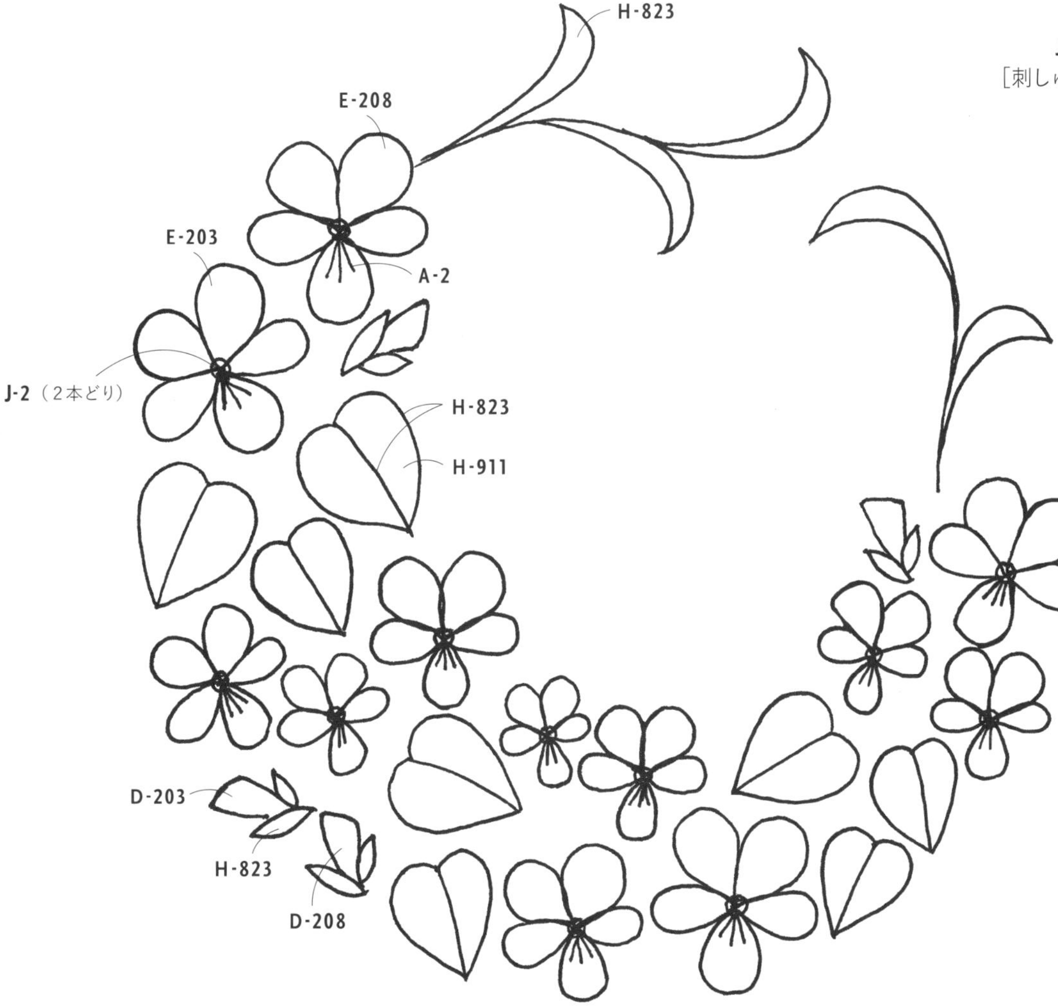

H-823
E-208
E-203
A-2
J-2（2本どり）
H-823
H-911
D-203
H-823
D-208

4 スミレの咲くところ

 あたたかな空気にさそわれて。またいつもの場所へ。図案：15 ページ

花と葉のいろんな組合せ。今日の気分はどんな風？図案：18 ページ

5 ステッチ遊び

[OOE花糸]**2・906**
[stitch]
BバックS
CアウトラインS
DサテンS
FフィッシュボーンS
HチェーンS
JフレンチノットS
KジャーマンノットS
LケーブルS
MコーチングS
NブランケットS
Oノッティド
ボタンホールフィリングS
RストレートS+フライS
[刺しゅう枠]直径15cm

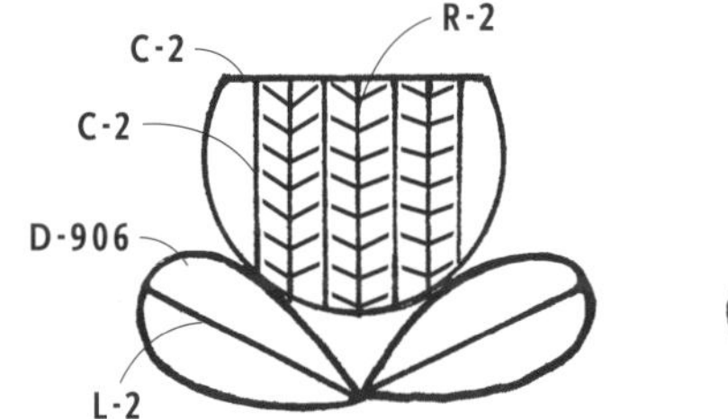

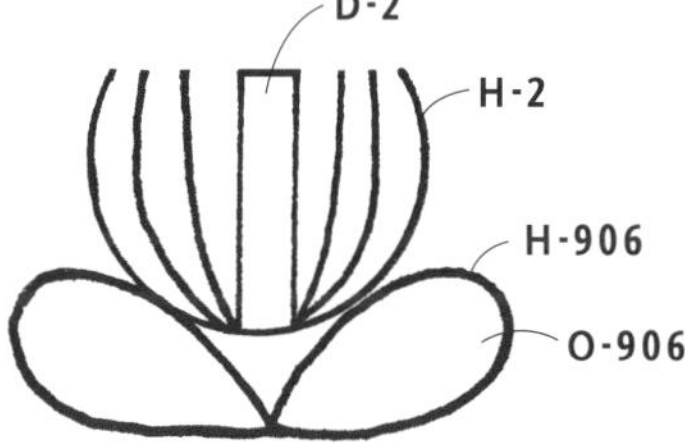

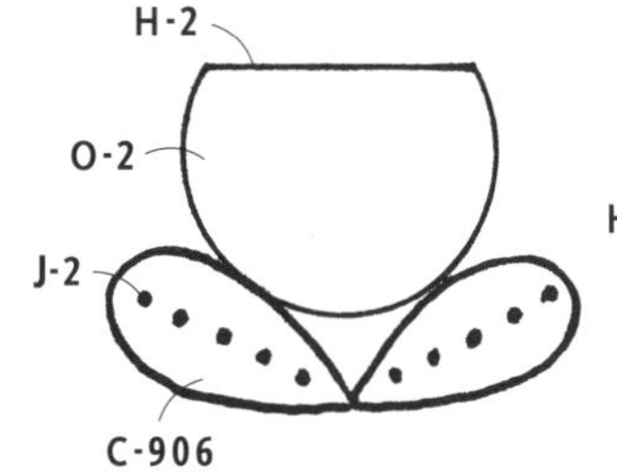

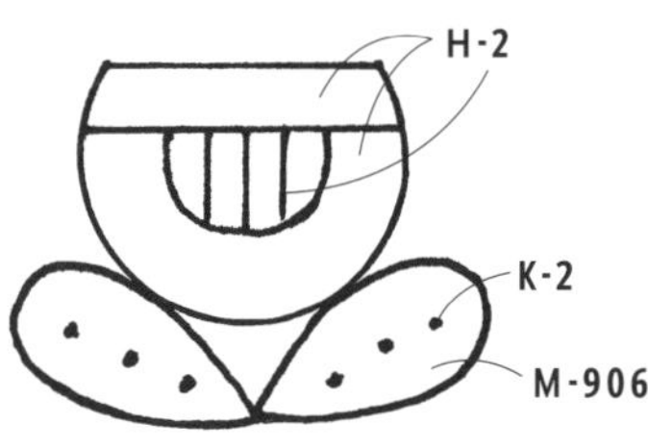

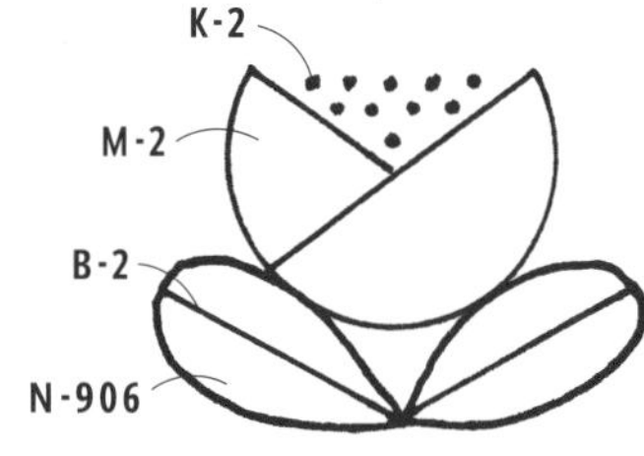

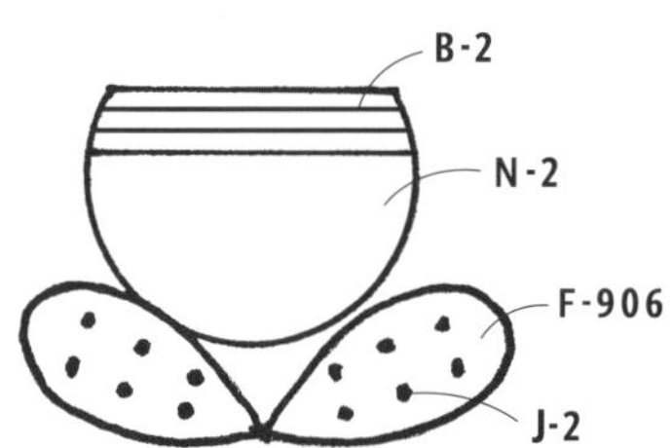

 写真：17 ページ

静かに咲きほころ 6

［OOE花糸］**2・17**
［stitch］
AストレートS
CアウトラインS
HチェーンS
IレゼーデージーS
JフレンチノットS
KジャーマンノットS
RストレートS+フライS
［刺しゅう枠］直径15㎝

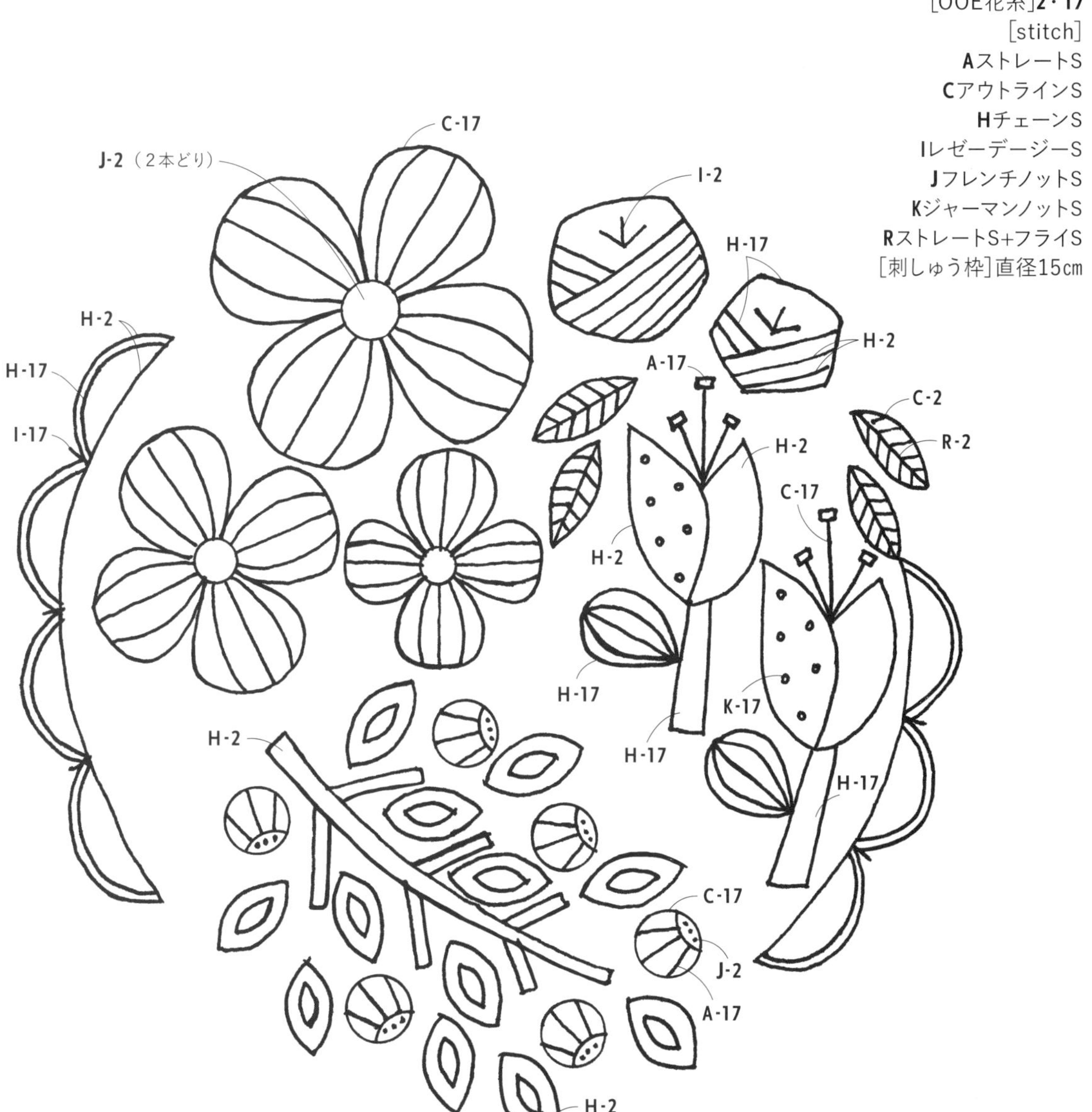

6 静かに咲きほころ

それぞれに。自分の心地よい時間を感じて。図案：19 ページ

ひみつの向こう 7

だれも知らない、私だけの場所。おだやかに、きらきらと。図案：22ページ

7 ひみつの向こう

[OOE花糸]**2**（すべて同色の糸）
[stitch]
CアウトラインS
HチェーンS
IレゼーデージーS
JフレンチノットS
KジャーマンノットS
RストレートS+フライS
[刺しゅう枠]直径12cm

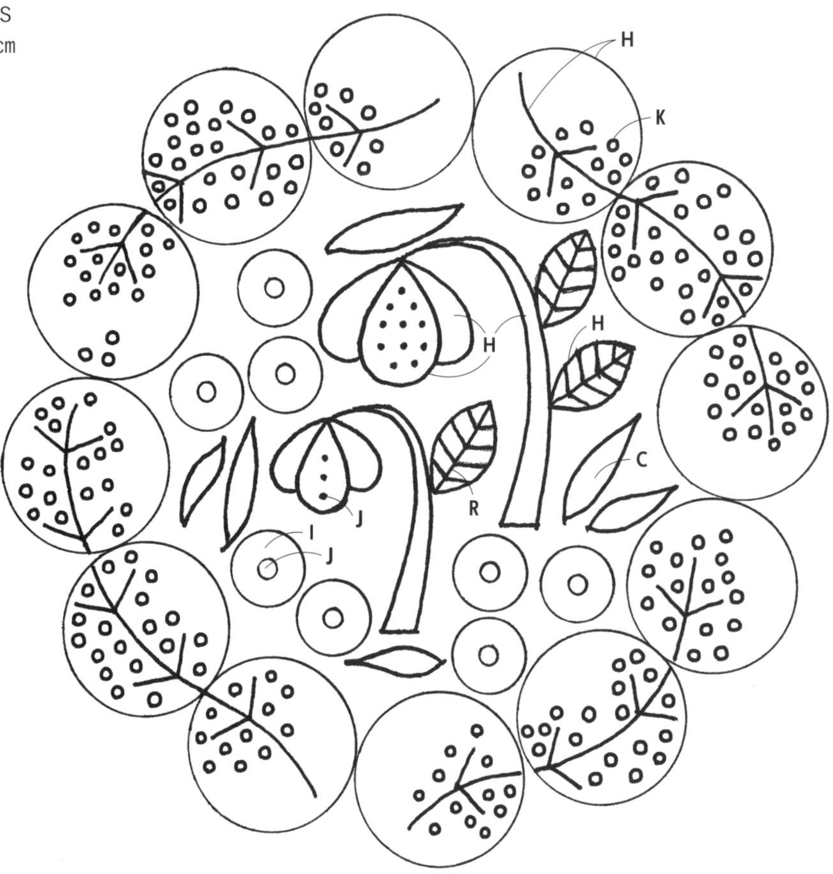

 写真：21 ページ

森の中で 8

［OOE花糸］**3・12**
［stitch］
AストレートS
BバックS
DサテンS
EロングアンドショートS
HチェーンS
JフレンチノットS
SレゼーデージーS+ストレートS
［刺しゅう枠］直径12㎝

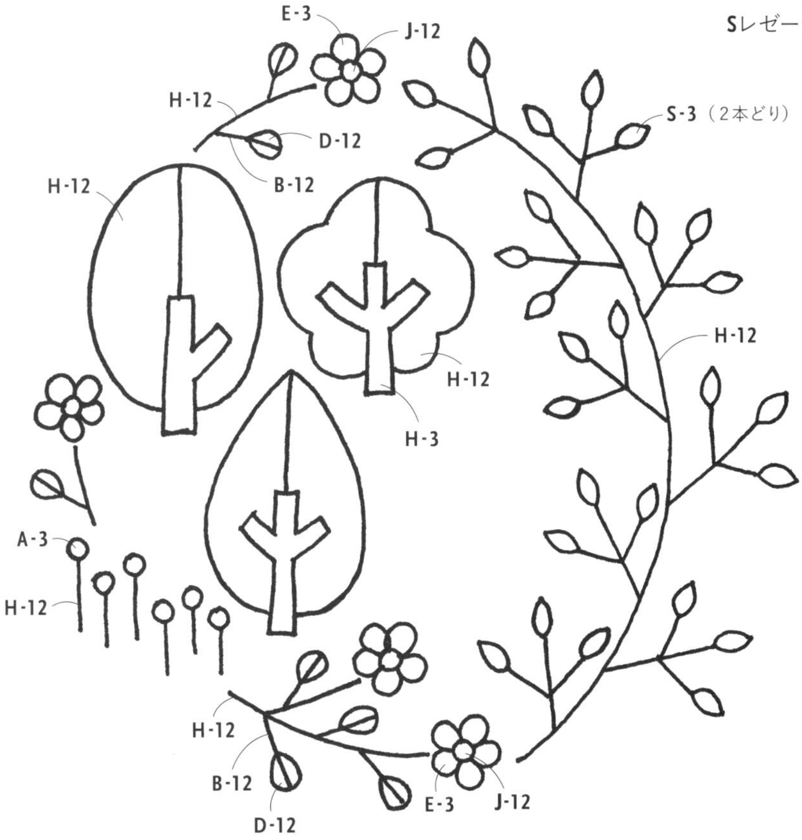

E-3
J-12
H-12
D-12
S-3（2本どり）
H-12
B-12
H-12
H-12
H-3
A-3
H-12
H-12
B-12
D-12
E-3
J-12

8 森の中で

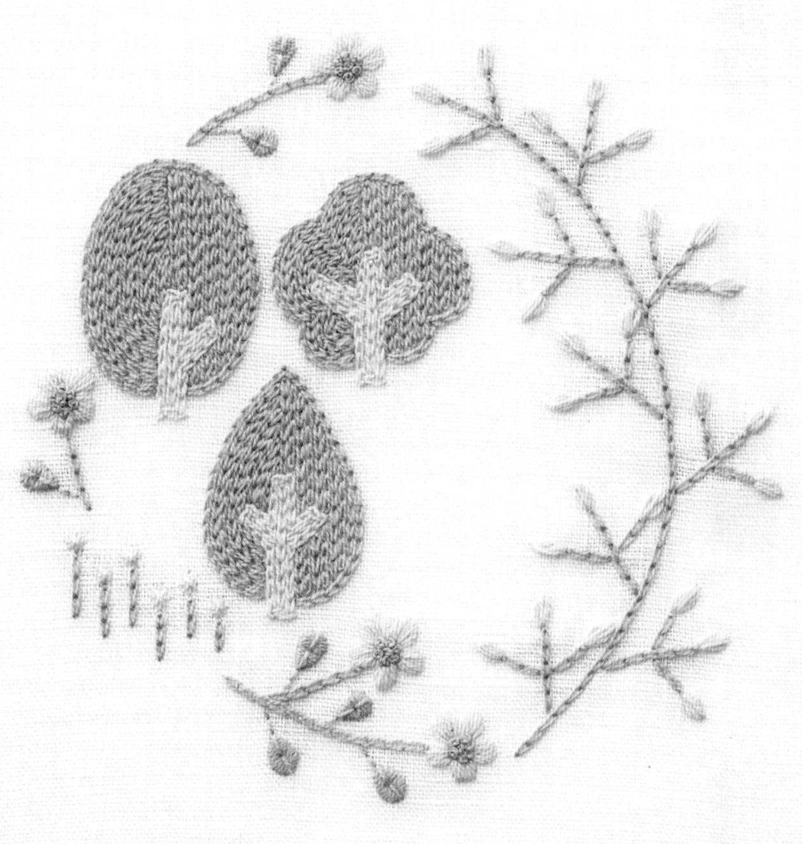

本を読むのはどうだろう。うたを口ずさむのもいいかもね。図案：23ページ

喜びの黄色い花 9

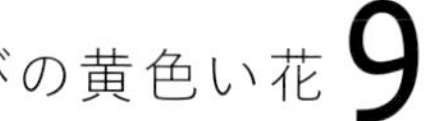

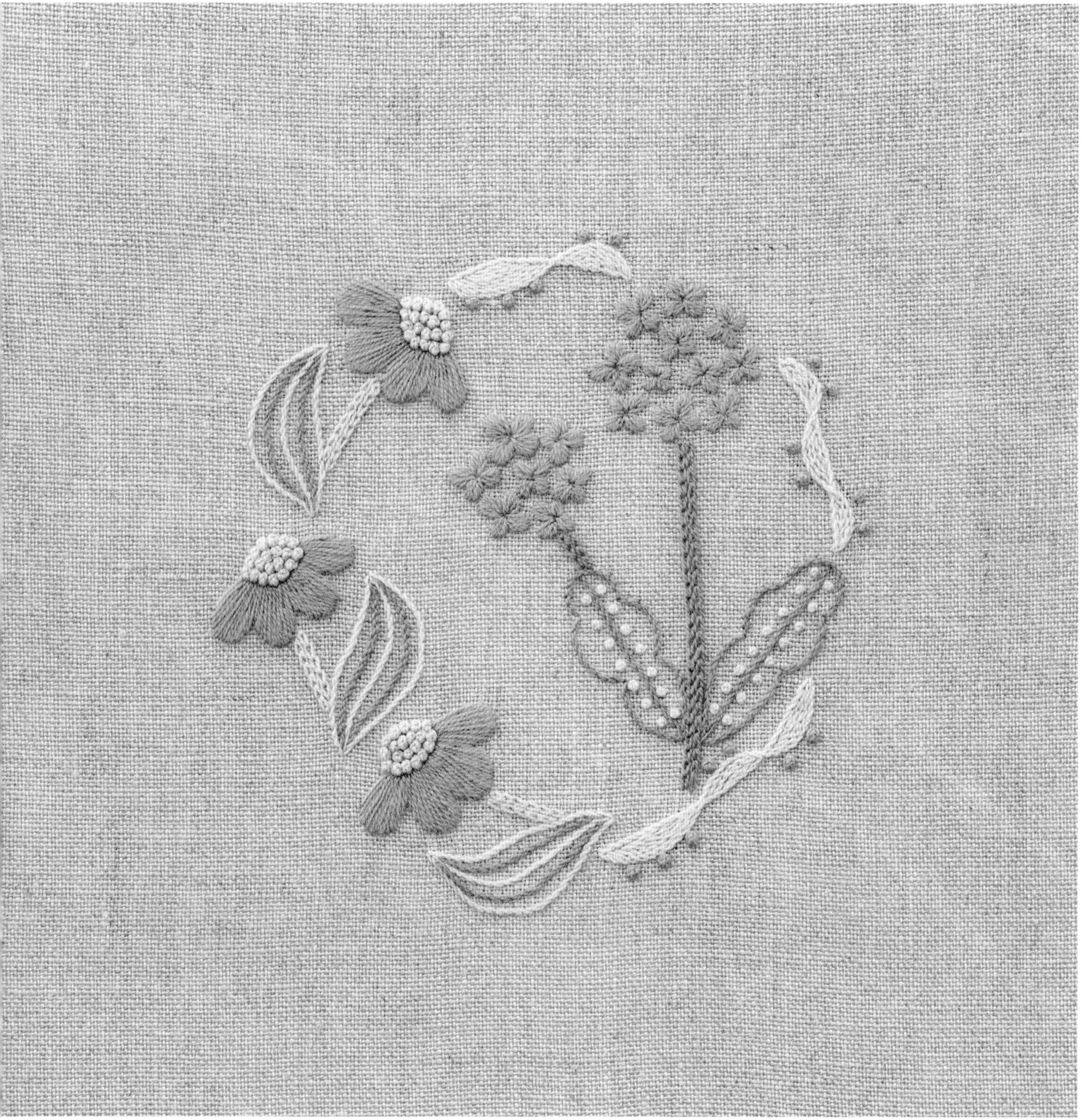

心がつつまれて、笑顔があふれる。どんな場所でも、みんなにふりそそぐ。図案：26 ページ

9 喜びの黄色い花

[OOE花糸]**905・911・913**
[stitch]
CアウトラインS
EロングアンドショートS
HチェーンS
JフレンチノットS
[刺しゅう枠]直径12㎝

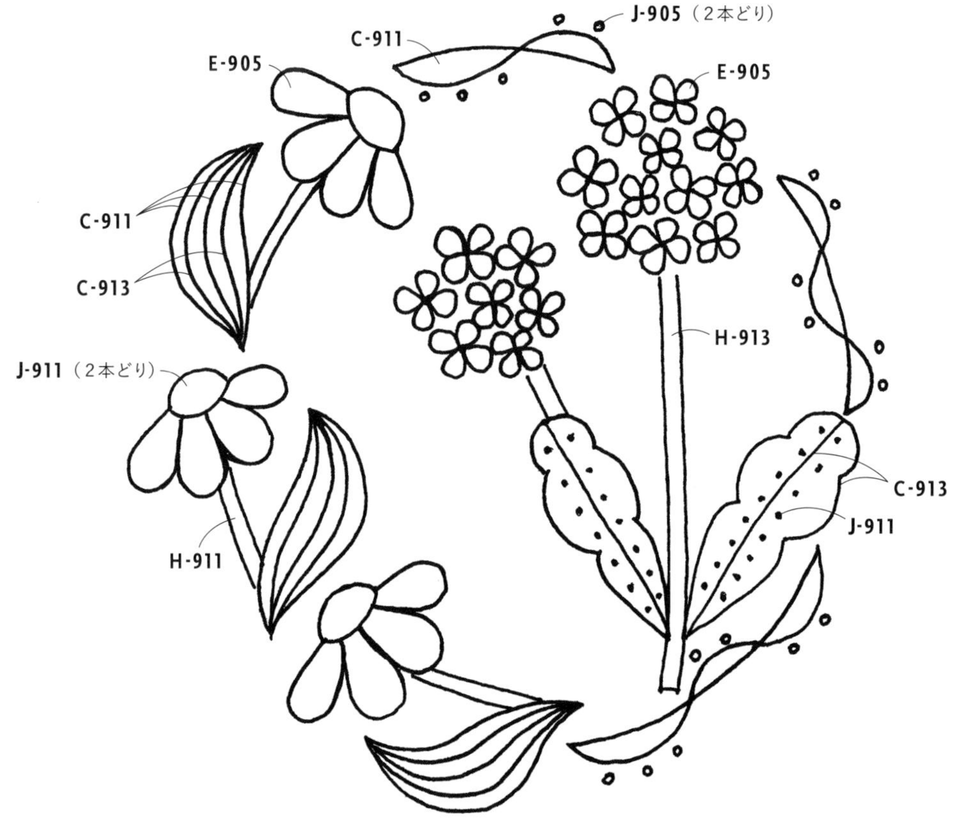

 写真：25ページ

聖なる夜10

[OOE花糸]**2・905**
[stitch]
AストレートS
CアウトラインS
HチェーンS
IレゼーデージーS
JフレンチノットS
MコーチングS
[刺しゅう枠]楕円10×16㎝

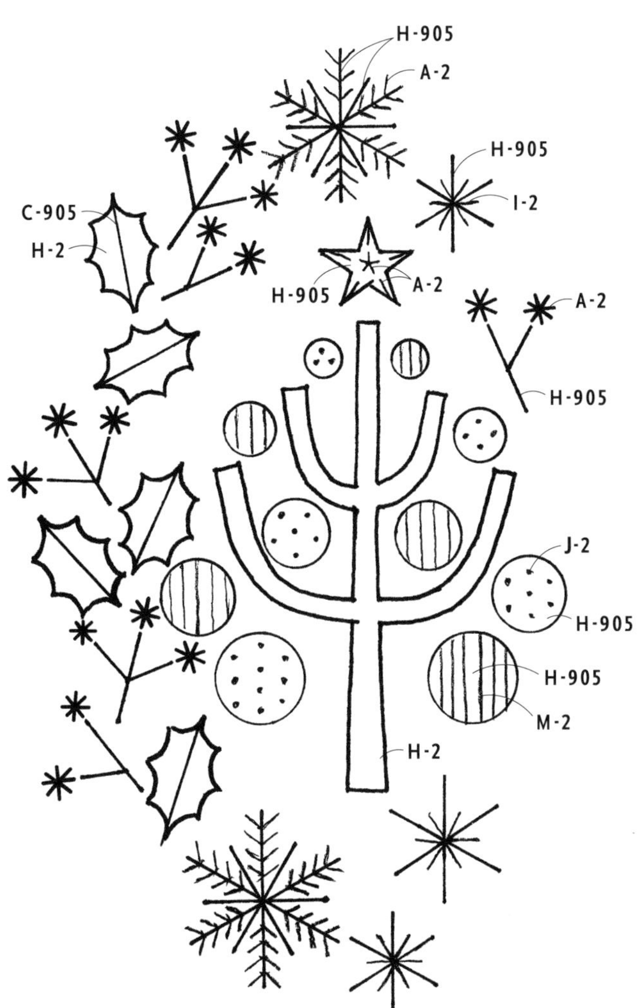

写真：28ページ

10 聖なる夜

 大人も子どもも、キラキラと。人がつどい、やさしい時間が流れる。図案：27ページ

ビオラのうた 11

ささやくように。うれしい気持ちがメロディをかなでる。図案：30 ページ

11 ビオラのうた

[OOE花糸]**3・13**
[stitch]
AストレートS
CアウトラインS
DサテンS
HチェーンS
JフレンチノットS
[刺しゅう枠]楕円10×16㎝

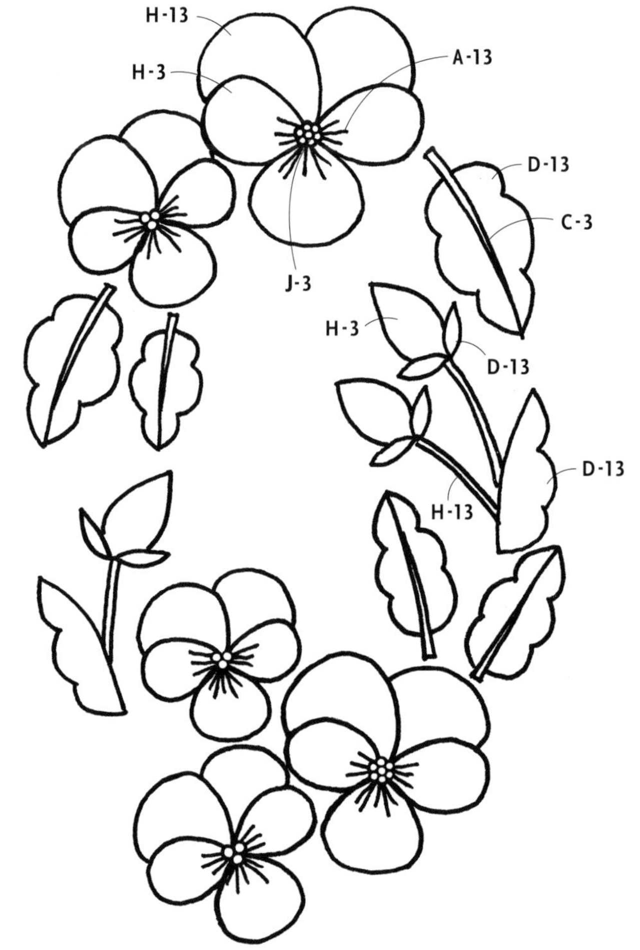

写真：29ページ

夏色12

[OOE花糸]**820・905・909**
[stitch]
HチェーンS
JフレンチノットS
LケーブルS
QスパイダーウェブS
[刺しゅう枠]楕円10×16cm

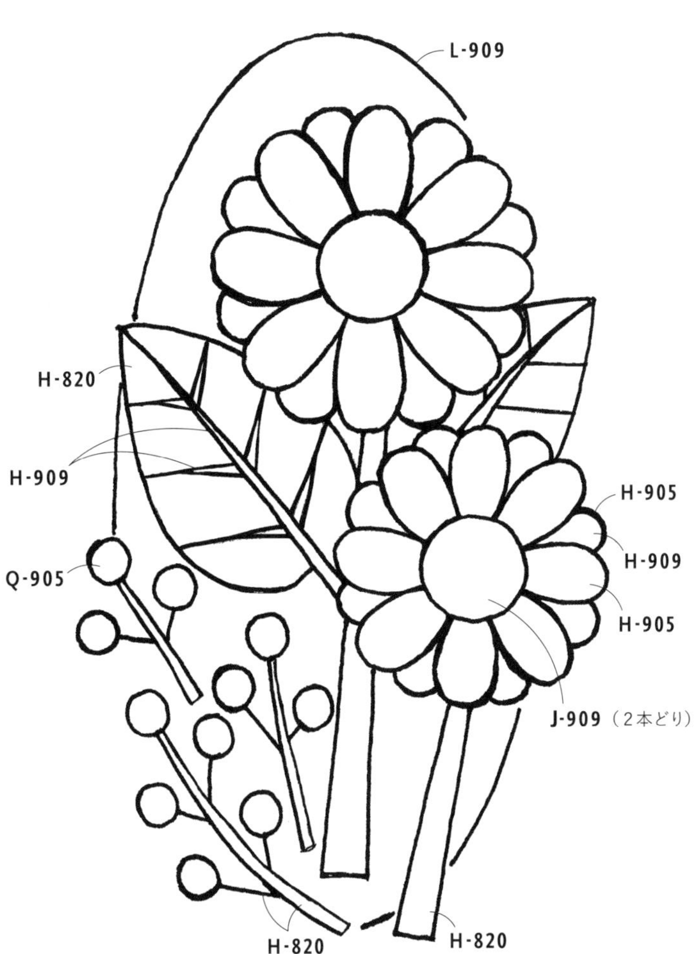

写真：32ページ

12 夏色

 からっと晴れた気持ちのいい日。目にまぶしい、楽しい景色。図案：31ページ

鳥と花のささやき 13

今日のいい事を、そっと。さわさわと返事が聞こえる。図案：34 ページ

13 鳥と花のささやき

[OOE花糸]**2・702**（すべて2色の引きそろえ、2本どり）
[stitch]
CアウトラインS
DサテンS
FフィッシュボーンS
HチェーンS
JフレンチノットS
QスパイダーウェブS
SレゼーデージーS+ストレートS
[刺しゅう枠]直径10×16㎝

 写真：33ページ

花びら５まい 14

［OOE花糸］**2・903・911**
［stitch］
CアウトラインS
DサテンS
EロングアンドショートS
HチェーンS
IレゼーデージーS
JフレンチノットS
［刺しゅう枠］楕円14.5×9.5cm

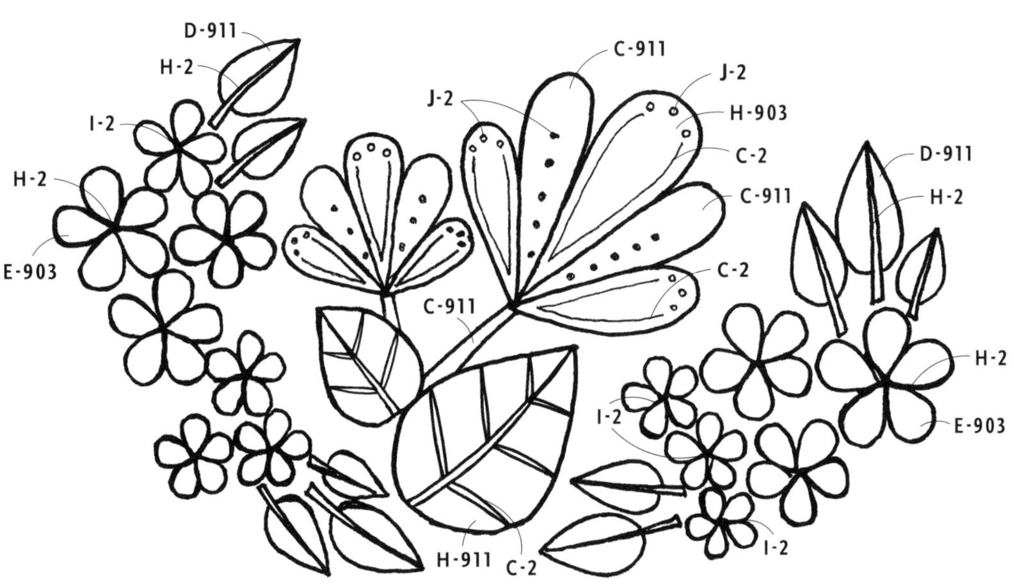

写真：36ページ

14 花びら5まい

ひとつ、ふたつ、みっつ、よっつ、いつつ。違うけれど、なんだか同じ。図案：35 ページ

ときめきの花ならび 15

きらきらまぶしい陽をあびて。心うれしいひとときき。図案：38 ページ

15 ときめきの花ならび

[OOE花糸]**11・509・827**
[stitch]
CアウトラインS
HチェーンS
JフレンチノットS
[刺しゅう枠]楕円14.5×9.5㎝

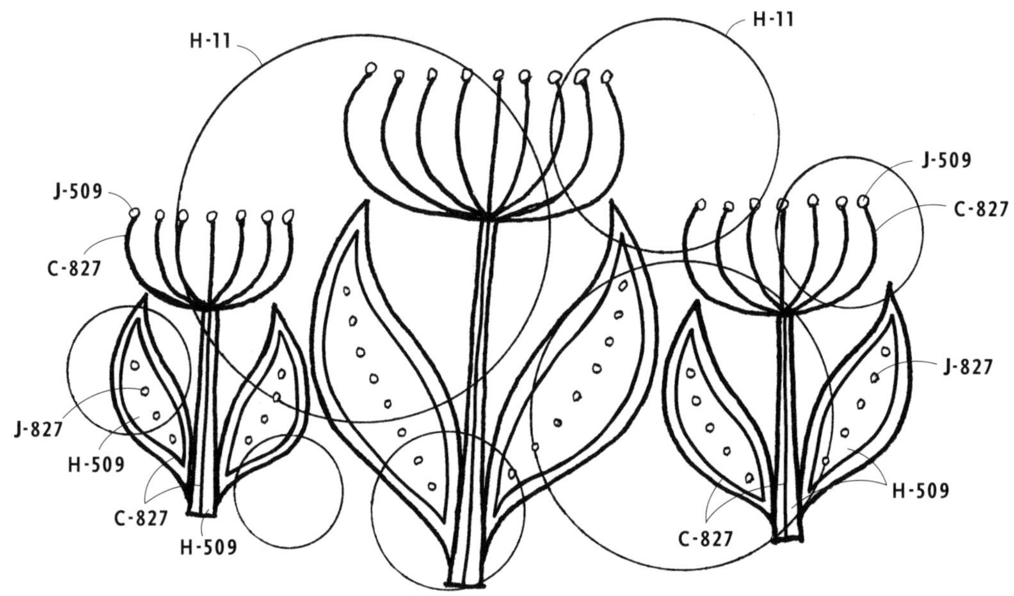

 写真：37ページ

ふわり蝶々 16

［OOE花糸］**2・13**（すべて2色の引きそろえ、2本どり）
［stitch］
CアウトラインS
HチェーンS
IレゼーデージーS
JフレンチノットS
RストレートS+フライS
［刺しゅう枠］楕円10×16㎝

写真：40ページ

16 ふわり蝶々

風に乗って。今日はここへ。こんにちは。図案：39 ページ

白いすずらん 17

春のおとずれに満ち満ちるころ。また会えたね。図案：42 ページ

17 白いすずらん

[OOE花糸]**2**（すべて同色の糸）
[stitch]
CアウトラインS
HチェーンS
IレゼーデージーS
JフレンチノットS
QスパイダーウェブS
[刺しゅう枠]直径10cm

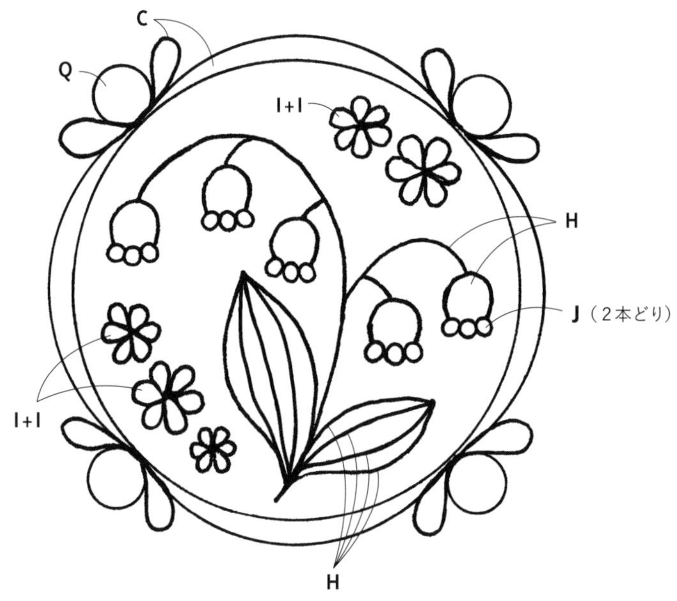

 写真：41ページ

黄色いつぶつぶの花 18

[OOE花糸]**509・823**
[stitch]
HチェーンS
IレゼーデージーS
KジャーマンノットS
[刺しゅう枠]直径10㎝

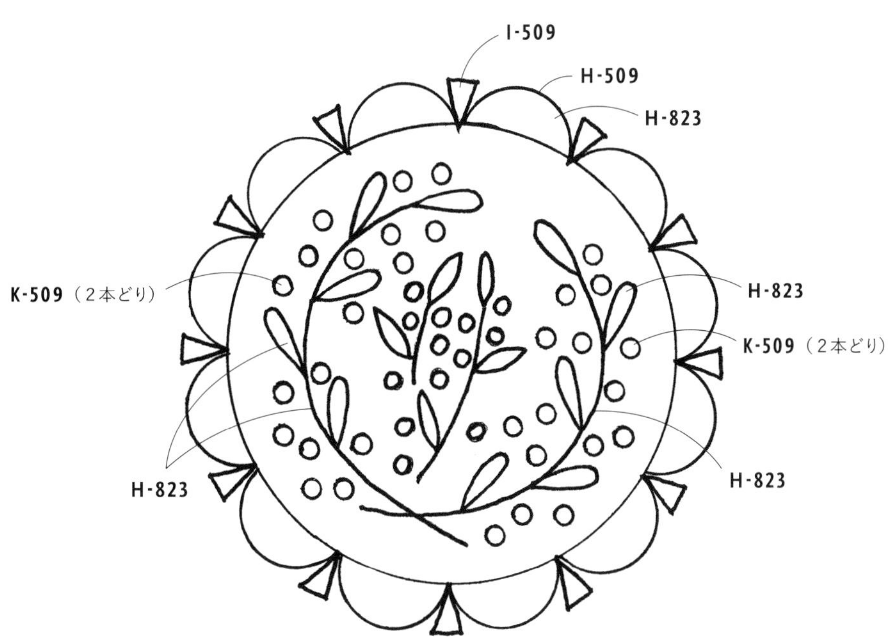

写真：44ページ

18 黄色いつぶつぶの花

小さな楽しいがあつまって。かわいい姿になりました。図案：43 ページ

アースカラーの小花 19

やさしい気持ちは、つながる。そして、少しずつひろがっていく。図案：46 ページ

19 アースカラーの小花

[OOE花糸]**12・608**
[stitch]
CアウトラインS
EロングアンドショートS
FフィッシュボーンS
JフレンチノットS
NブランケットS
[刺しゅう枠]直径10cm

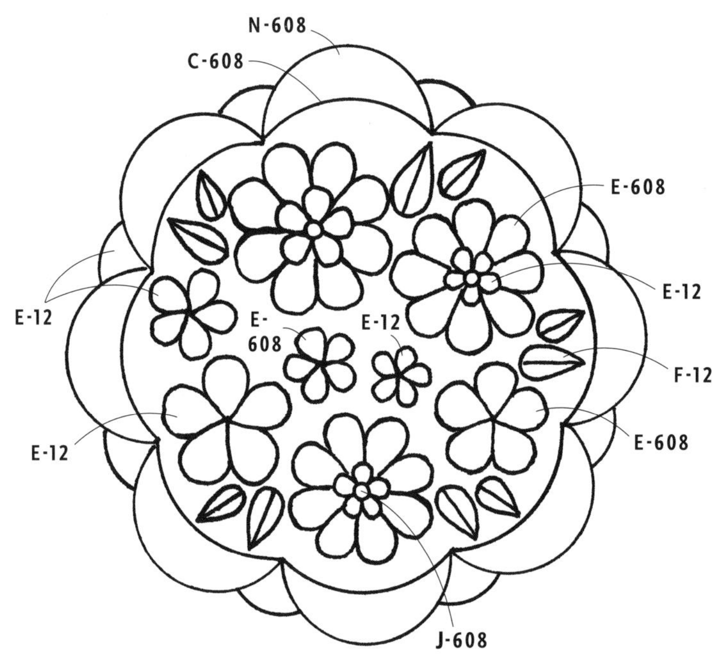

 写真：45ページ

優しさに守られて 20

[OOE花糸]**11・702**
[stitch]
AストレートS
CアウトラインS
EロングアンドショートS
HチェーンS
JフレンチノットS
KジャーマンノットS
RストレートS+フライS
[刺しゅう枠]直径10cm

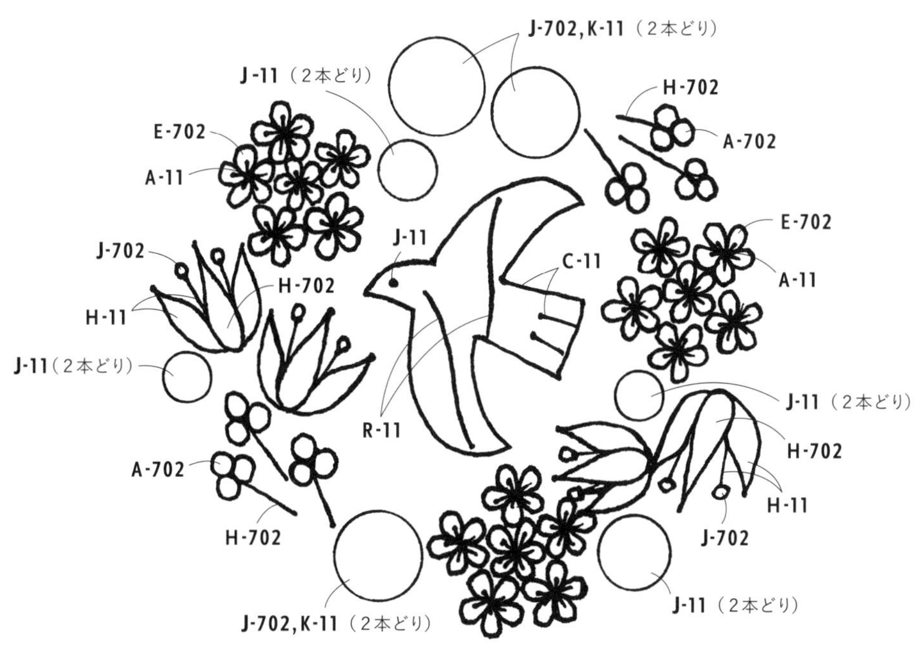

20 優しさに守られて

 いつもありがとう。まあるい気持ちがあふれてる。図案：47 ページ

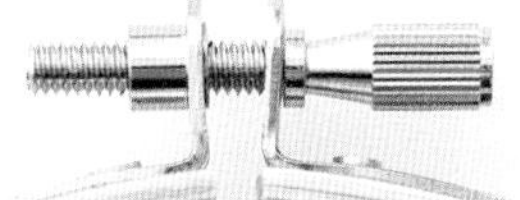

Stitch A to S

★ 本書で使用しているステッチの刺し方と、
きれいに仕上げるポイントをご紹介します。

★ 布目を見ることでまっすぐな線が刺せます。
また布目を数えて刺すと、
ステッチの大きさや間隔がそろいます。

★ 本書は、針で布をすくうのではなく、
針を布に垂直に出し入れして
ひと針ずつ刺していくアップダウン式です。

★ 糸は引っ張りすぎると布がつれて糸が
細くなってしまいます。やさしく引いて空気を含む
イメージでふんわり仕上げてください。

★ 刺しゅう枠を利用して布に張りを持たせて刺すことで、
仕上りがきれいになり、刺し縮みも防げます。

★ プロセス写真で使用している糸と針は
作品のものとは異なります。

★ わかりやすくするために2色の糸で
刺しているステッチもあります。

刺し始め

①図案から離れたところに表側から針を刺して、引き抜く。糸端は針2本分ほどの長さを表に残しておく。

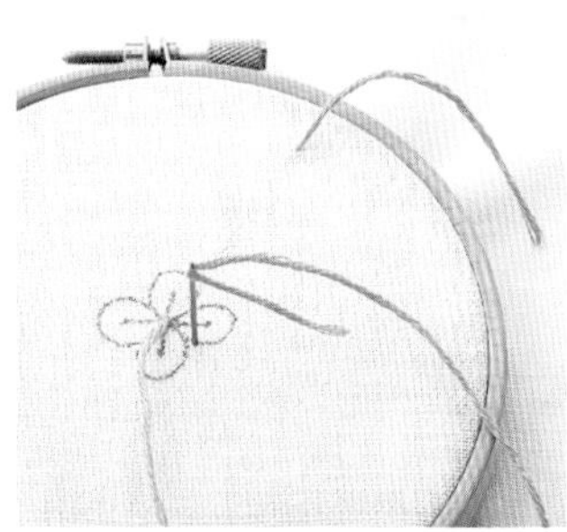

②裏側から図案の中心に針を出し、糸を抜いて刺し始める。

刺し終わり

①刺し終わった状態。刺し始めの糸は残したまま。

②裏側に針を出し、近い縫い目に手前から針をくぐらせて糸を抜く。

③次に隣の目に奥から針をくぐらせて糸を抜く。

④さらに隣の目に手前から針をくぐらせて糸を抜く。

⑤糸端を少し残して切る。

⑥刺し始めの糸を裏側に抜き、針に通して同様に縫い目にくぐらせて糸を切る。

A ストレート・ステッチ

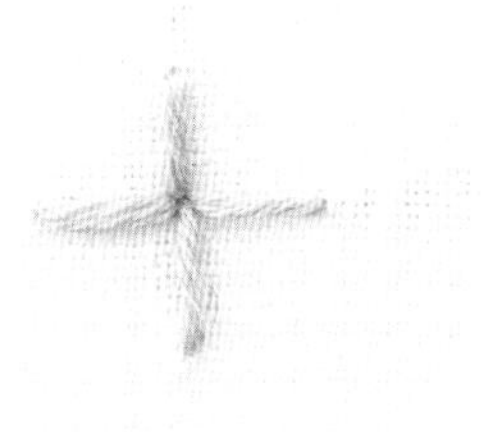

縦や横、斜めに刺す短い線のステッチ。組み合わせて花や花心に。

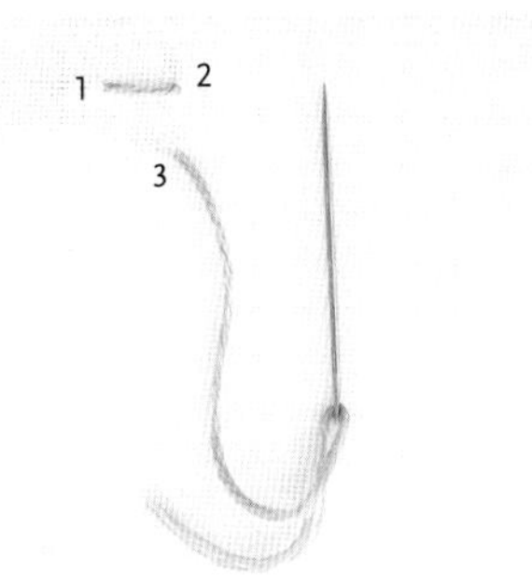

①十字の場合は、裏側から外側の1に針を出して糸を抜き、2の中心に針を刺し、次は3から出して2の中心に刺す。

B バック・ステッチ

右利きの人は右から左に刺し進むステッチ。１目進んだら、１目戻るを繰り返す。

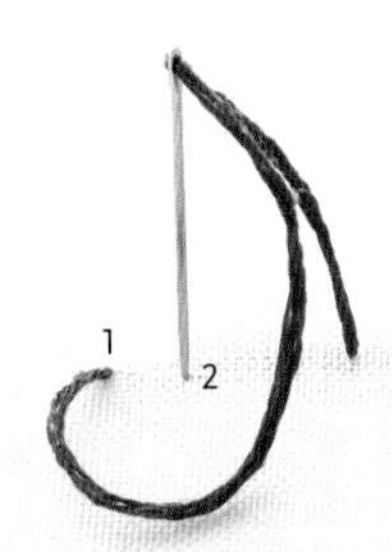

①1の裏側から針を出して糸を抜き、１針戻って2に針を刺す。

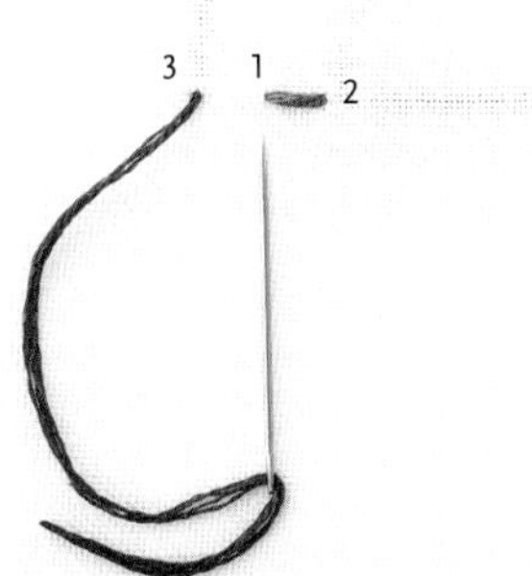

②最初の針目と等間隔になるように3に針を裏側から出して糸を抜く。1の位置に針を刺すを繰り返す。

C アウトライン・ステッチ

右利きの人は左から右に刺し進むステッチ。１目進んだら、半目戻るを繰り返す。

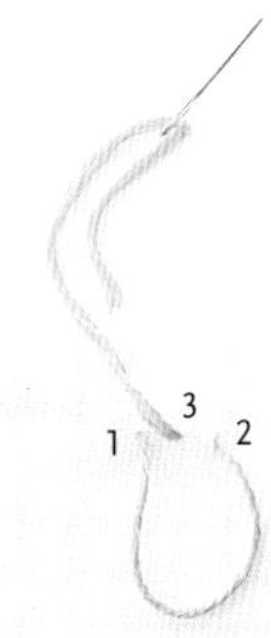

①1の裏側から針を出して糸を抜き、2へ刺したら、3の半目の位置に裏側から針を出して糸を抜く。

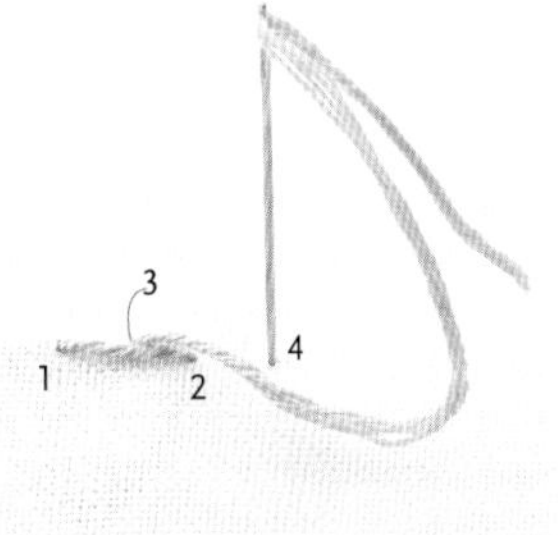

②1と2の針目の長さにそろえて4の位置に針を刺す。次は3と4の間（2）に裏側から針を出す。

D サテン・ステッチ

糸を平行に渡して全体を埋めるステッチ。左から右に、下から上に。本書では花や葉の面などに。

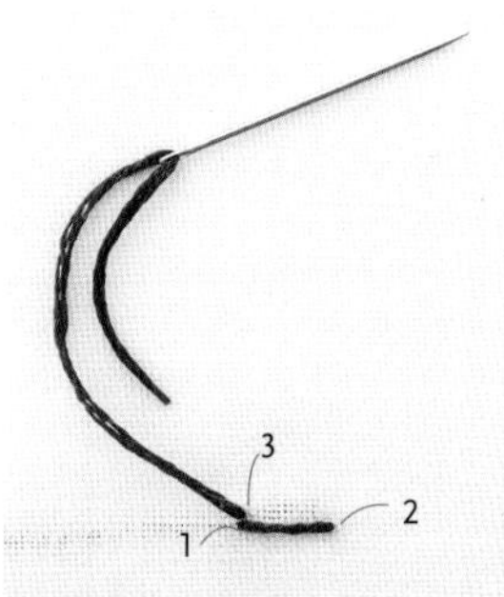

① 1から2にストレート・ステッチを刺したら、1の上になる3の位置から針を出して糸を抜く。

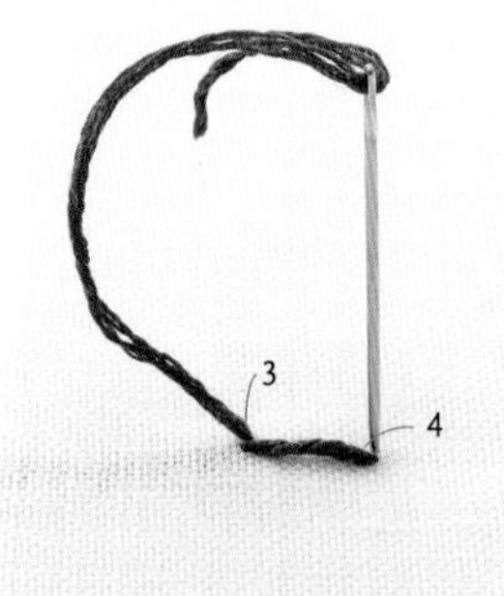

② 3から4にストレート・ステッチを刺す。これを繰り返す。

E ロングアンドショート・ステッチ

長短をつけて輪郭線から内側に向かって刺す。

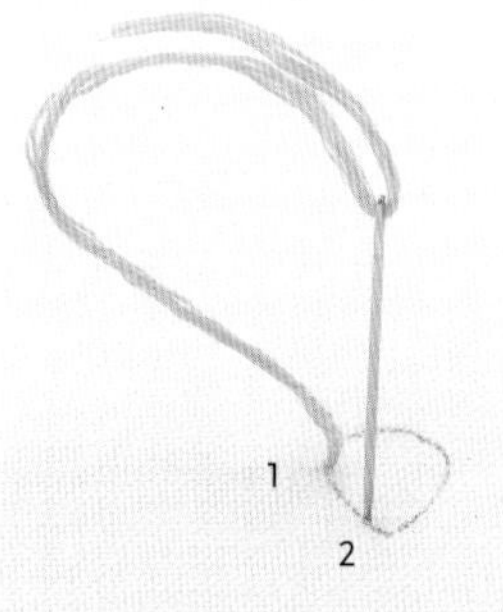

① 花びらの場合、2段に分けて刺す。まずは図案の輪郭線から内側に向かって1針刺す。

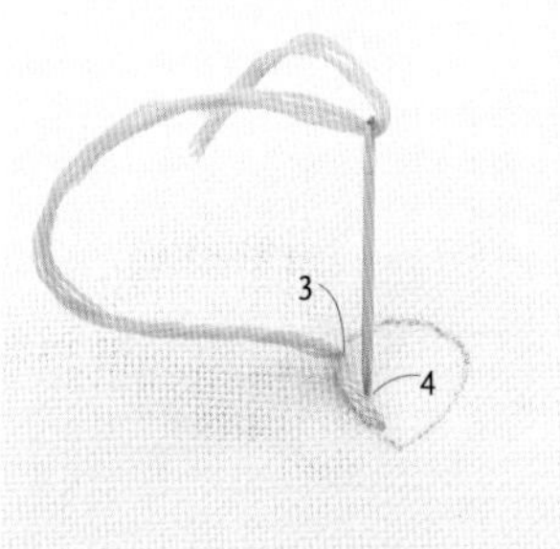

② 右隣に長さを変えて同様に1針刺す。これを繰り返し、花びらの外側1段を刺す。

③ 1段めを刺し終わったところ(黄色)。

④ 2段めは1段めの針目に突き合わせながら、面を埋めるように刺す(茶色)。

F フィッシュボーン・ステッチ

斜めに渡った針目が葉のように見える。先から根もとに向かって、中心で針目が重なるように刺す。

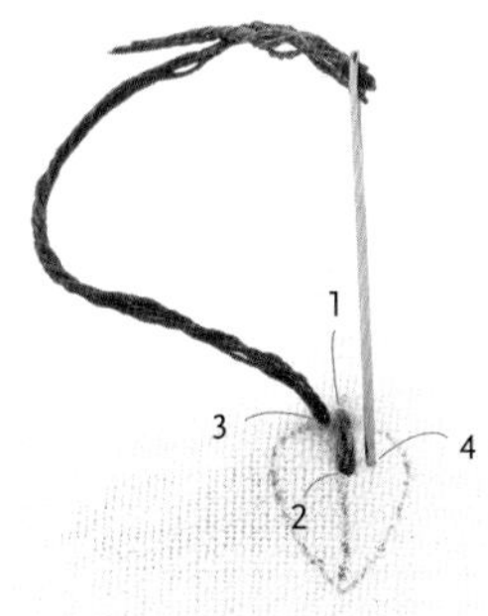

① 先端の1から2へ刺し、3（1の左隣）から針を出して糸を抜き、1針めをまたいで4（2の右隣）に針を刺す。

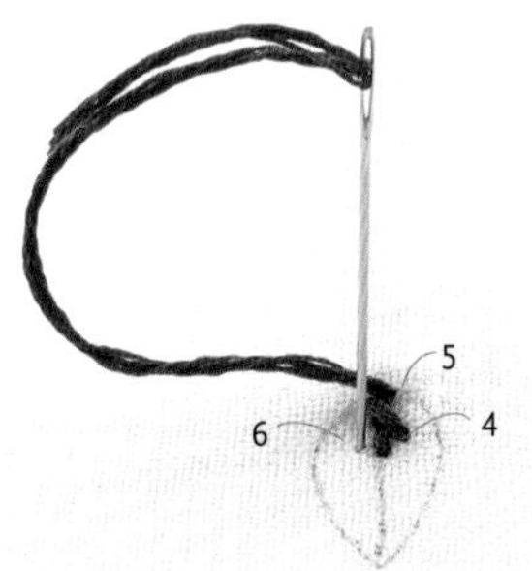

② 次に針を裏側から5（1の右隣）の位置に針を出して糸を抜き、6（2の左隣）に斜めに糸を渡す。

G フライ・ステッチ

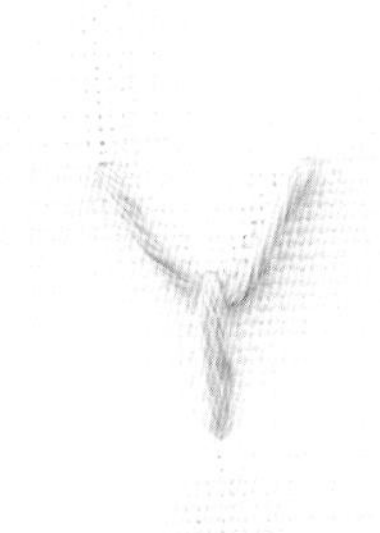

連続させる、間隔をつめる、幅を変える、ストレート・ステッチと合わせる（**R**）など、変化が楽しめる。

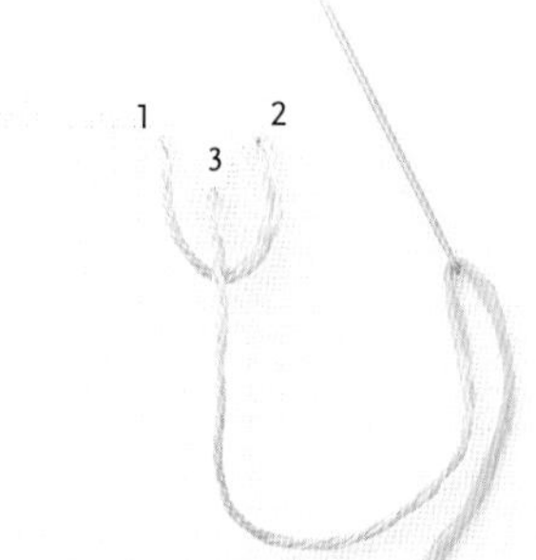

① 1から2へ糸を渡し、三角形を描くように3の位置に針を出して糸を抜く。

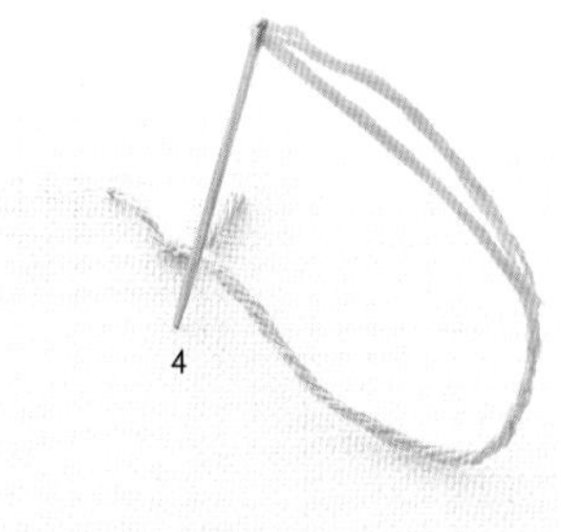

② 糸を引いてから、針を下に刺してY字のようにする。

H チェーン・ステッチ

輪をつなげて刺していく。線として輪郭や、面を埋めるように刺す。

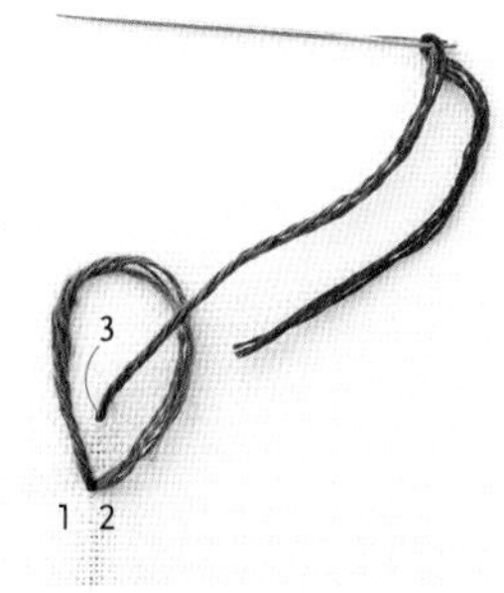

① 針を出した1と同じ穴に針を刺し（2）、糸の輪の中から少し先の3の位置に針を出して糸を抜く。

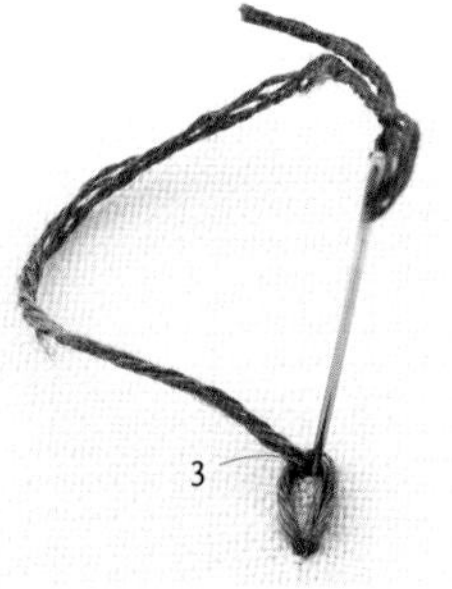

② 同様に3の穴に刺し、少し先に針を出す。これを繰り返して、チェーンにしていく。

I レゼーデージー・ステッチ

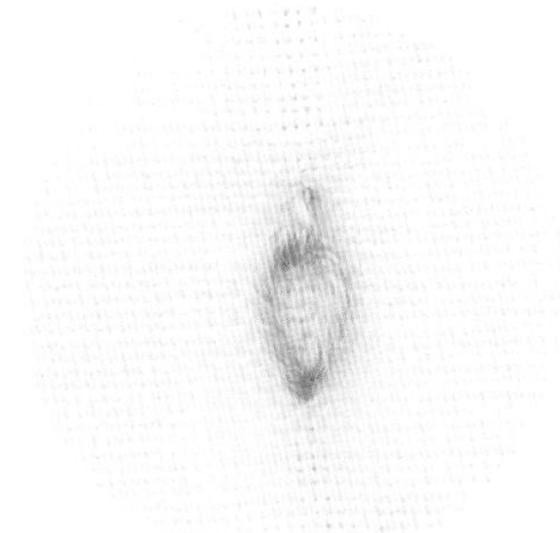

刺し方は、チェーン・ステッチと同様。連続させずに花びらなどに1つで使用。

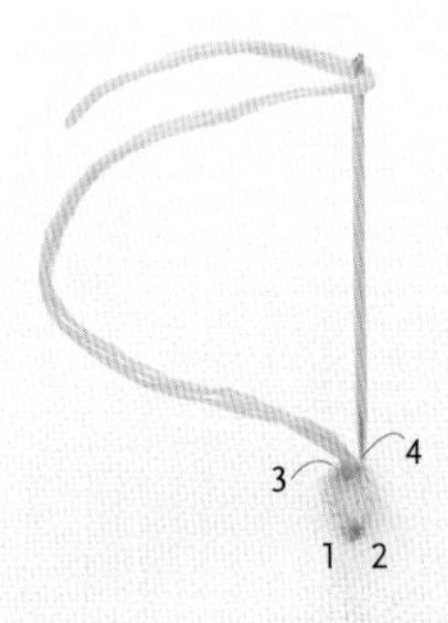

① 1の裏側から針を出して糸を抜き、1と同じ穴に刺す(2)。輪の内側の3に針を出し、糸を引いてできた輪の外側の4に針を刺して裏側に引き抜いてとめる。

レゼーデージー S +レゼーデージー S

1目を刺したら(黄色)、その目の外側に同様にもう1目を刺す(茶色)。

J フレンチノット・ステッチ

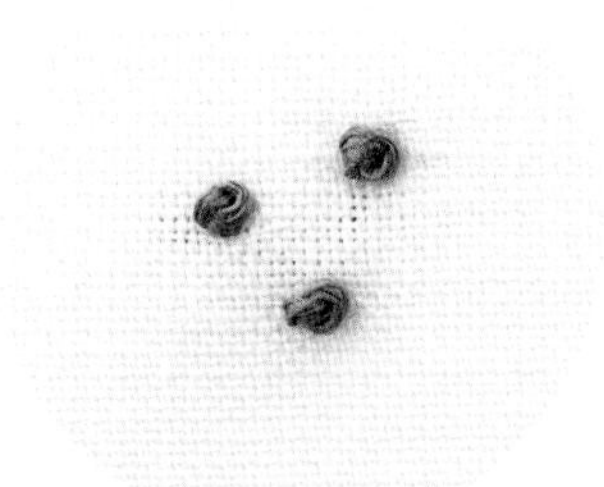

糸を針に巻きつけ、結び目を作るステッチ。2本どりにしたり、巻く回数を多くするとより立体感が出る。

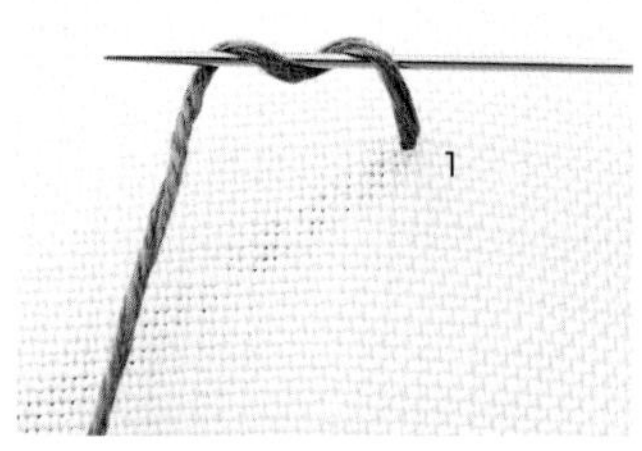

ここでは2回巻きを説明。
① 1の裏側から針を出して糸を抜き、針に2回巻きつける。

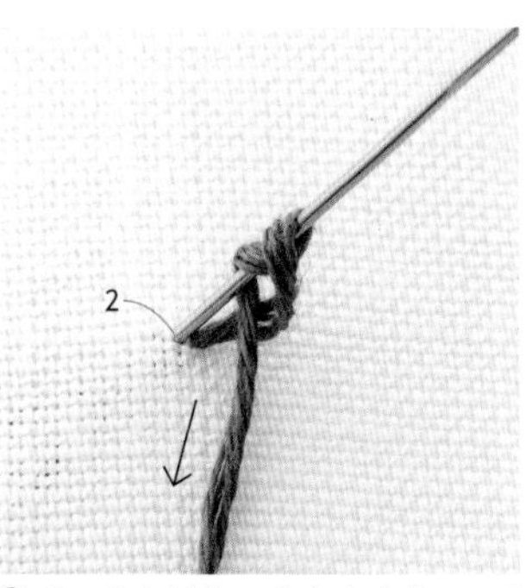

② そのまま針先の向きを変えて、1の際に針を垂直に刺し(2)、糸を真下に引きながら針を裏側に引き抜く。

K ジャーマンノット・ステッチ

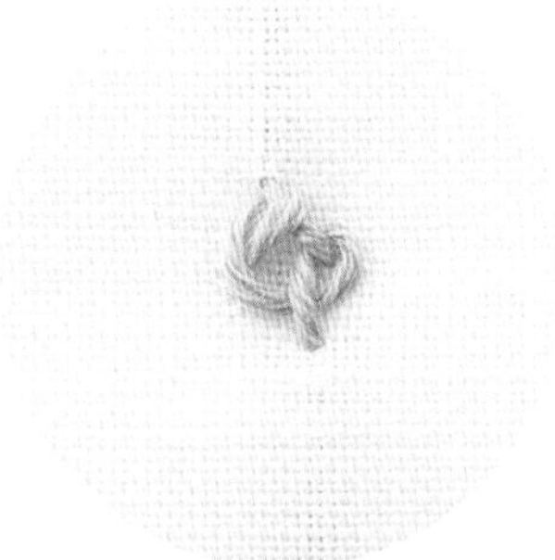

フレンチノット・ステッチより大きい、プレッツェルのような三角のドット。

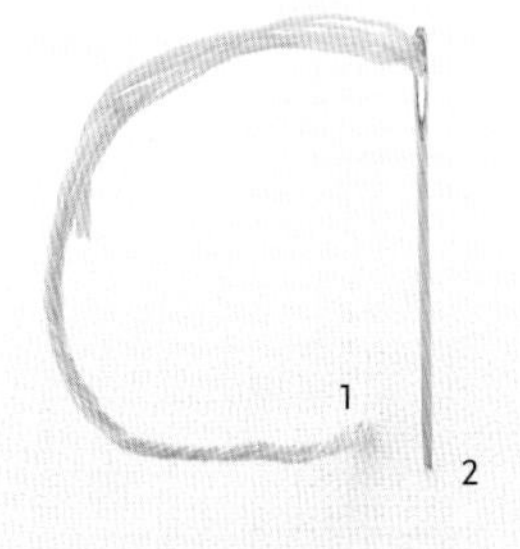

① 1の裏側から針を出して糸を抜き、2に針を刺す。

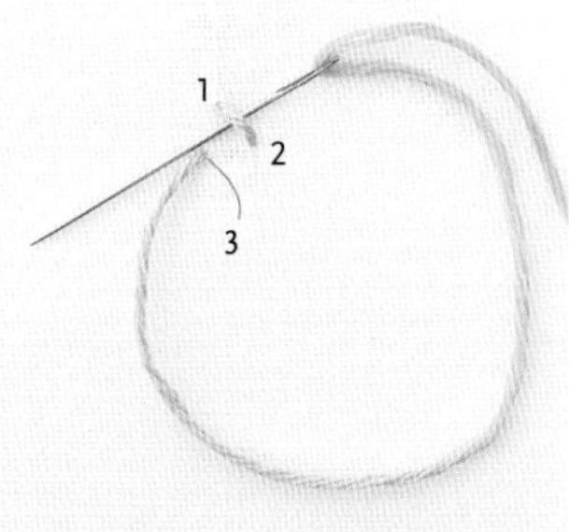

② 三角形になるように3の位置に針を出して糸を抜き、最初の1目に針を奥から手前にくぐらせる。

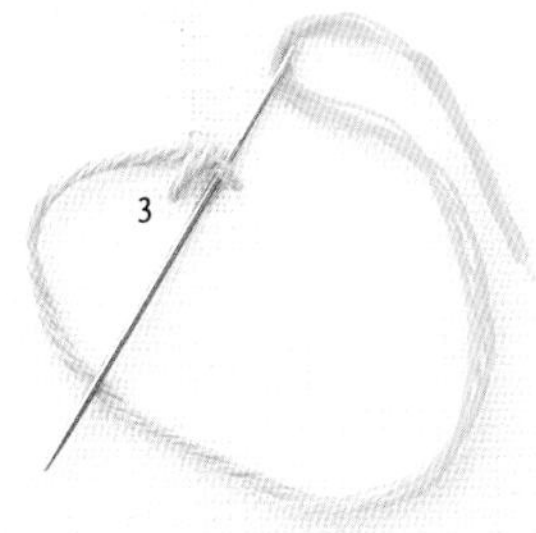

③軽く糸を引いたら、プレッツェル状になるようにもう1回、針を奥から手前にくぐらせる。

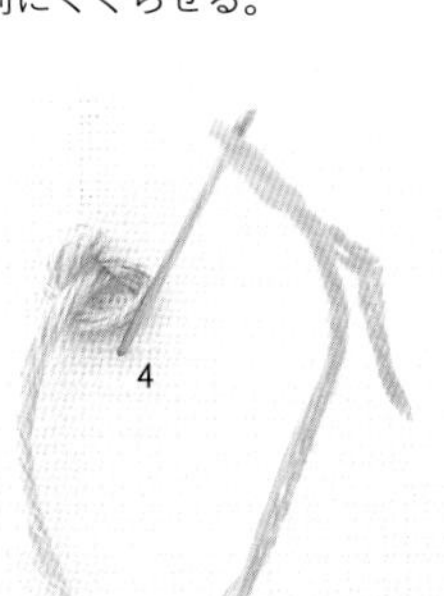

④針を刺して裏側に引き抜く。

L ケーブル・ステッチ

ジャーマンノット・ステッチを連続して刺す。線に立体感が出る。

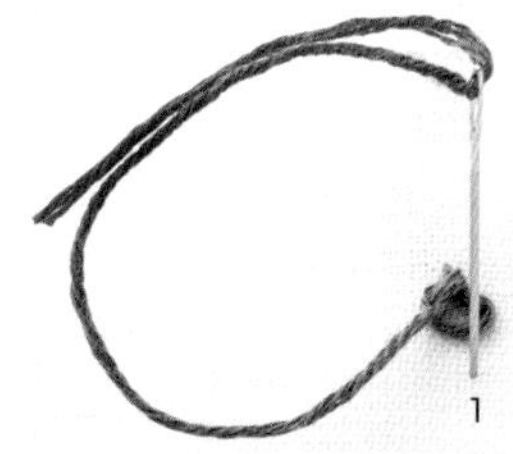

①ジャーマンノット・ステッチで針を2回くぐらせたら、少し先の1に針を刺す。

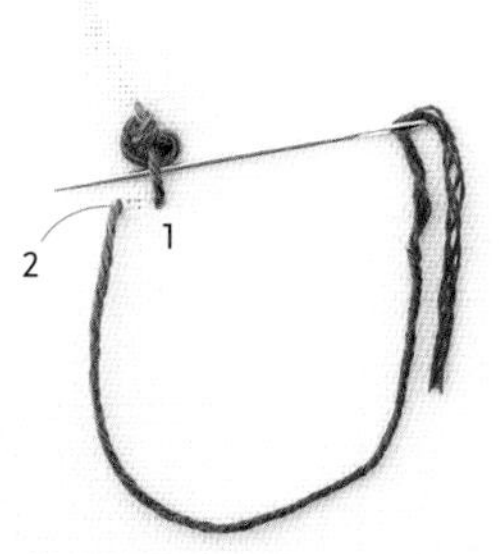

②三角形になるように2の位置に針を出し、ジャーマンノット・ステッチを繰り返す。

M コーチング・ステッチ

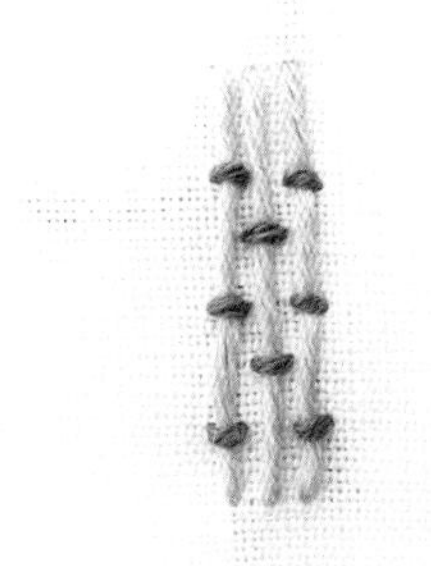

糸aを別の糸bでとめていく。線の間隔を狭めて、交互にとめると面を埋めることができる。

①糸aでストレート・ステッチを刺すか、図案の案内線にそって糸aを置く。

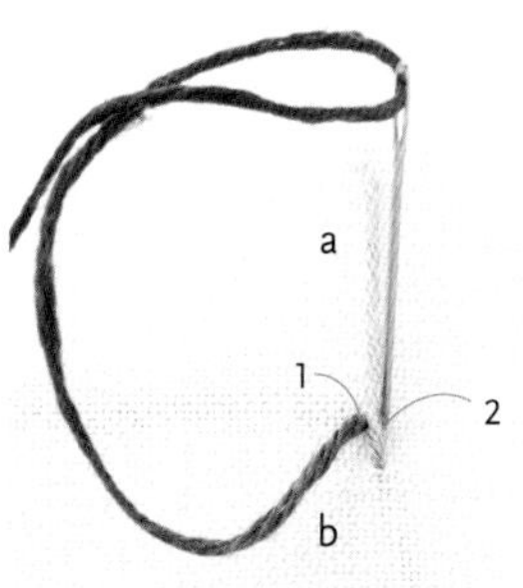

②糸bで糸aを小さなストレート・ステッチで等間隔にとめていく。

N ブランケット・ステッチ

長さや幅を変えることで印象が違って見える。右利きの人は左から右に刺していくステッチ。

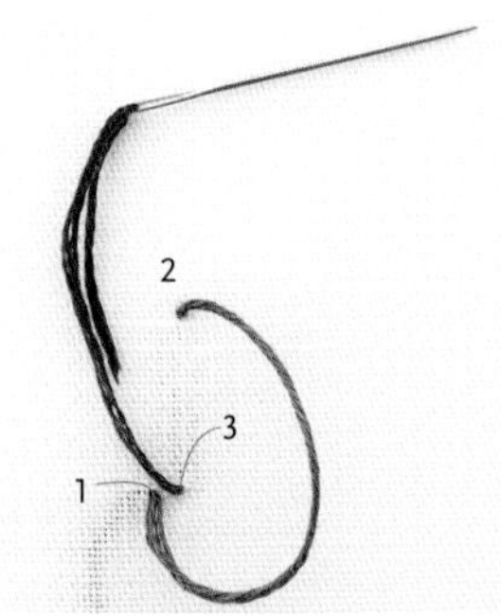

①1から糸を出したら、右斜め上の2に針を刺して、裏側から1の隣の3に針を出して糸を抜く。

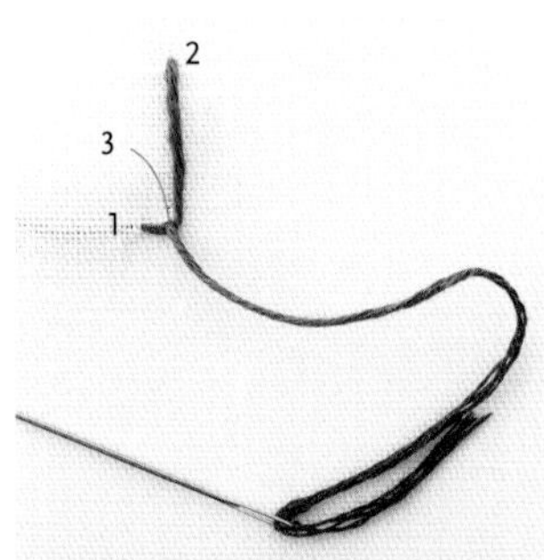

②1から2の糸をかけるように針を手前に向けて糸を引く。これを繰り返す。

O ノッティドボタンホールフィリング・ステッチ

まず輪郭(枠)をチェーン・ステッチやバック・ステッチで刺し(茶色)、その糸をすくいながら刺す(黄色)。

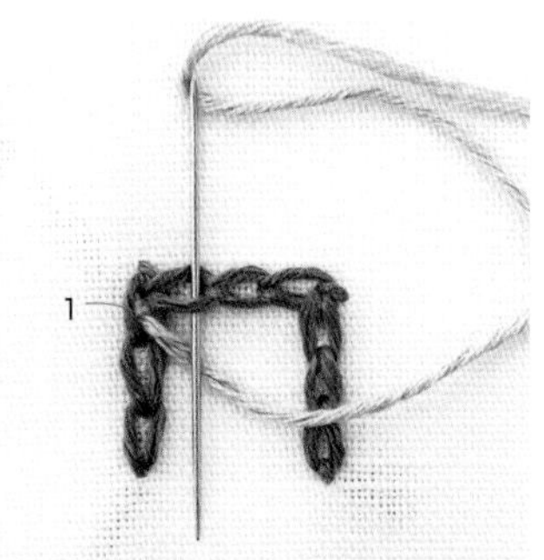

①チェーン・ステッチで輪郭を刺す。左列上の輪から糸を出し(1)、上段左端の輪に針を奥からくぐらせる。

②糸で結び目を作るように針を手前に向けて糸を引く。

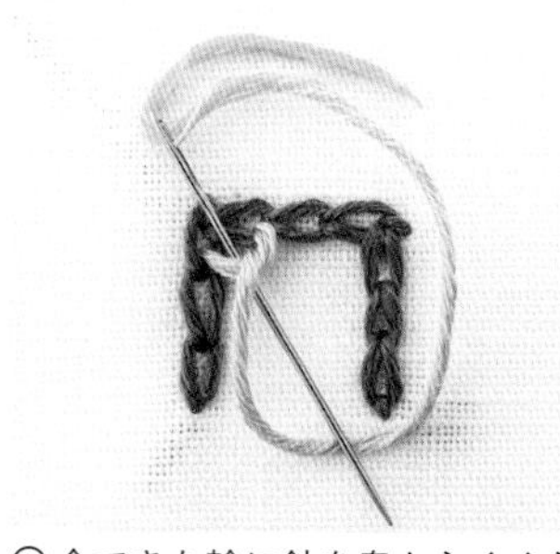

③今できた輪に針を奥からくぐらせ、結び目を作るように針を手前に向けて糸を引く。

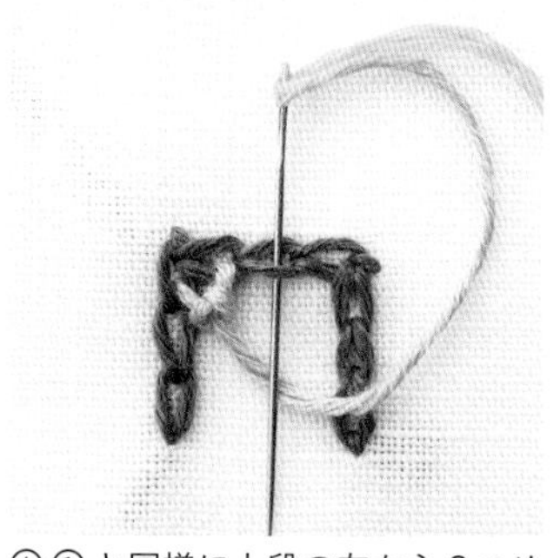

④①と同様に上段の左から２つめの輪に針を奥からくぐらせ、糸を引き、③と同様に結び目を作る。

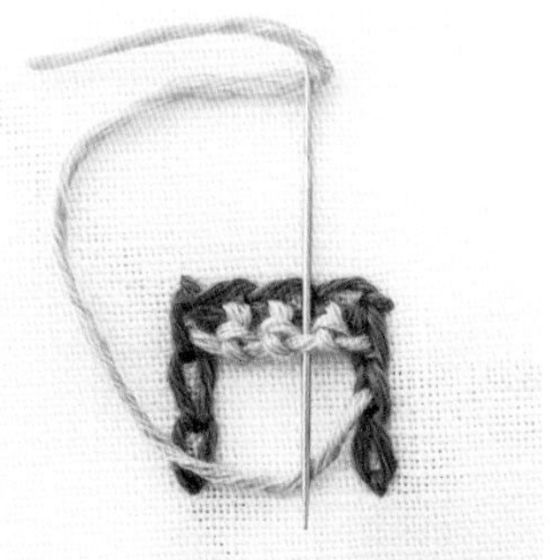

⑤右端までいったら、これまでとは逆方向に同様のことを繰り返す。

P ウィービング・ステッチ

バスケット・ステッチともいう。布を織るようにたて糸を交互にすくいながらよこ糸を渡していく。

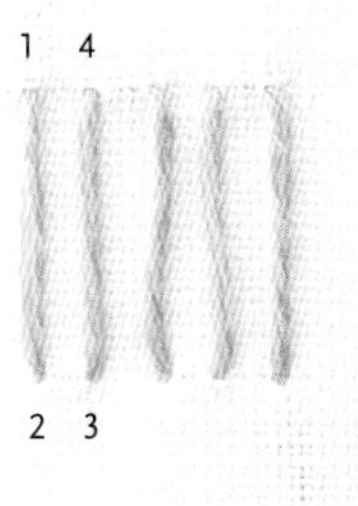

① 糸を上から下、下から上と順にストレート・ステッチを、等間隔で数本刺す。

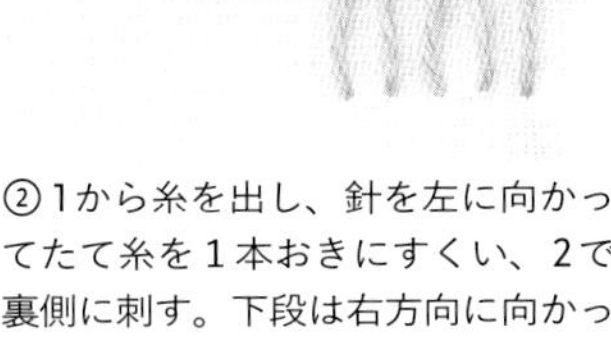

② 1から糸を出し、針を左に向かってたて糸を1本おきにすくい、2で裏側に刺す。下段は右方向に向かって交互に糸をすくう。

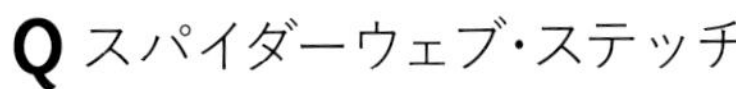

Q スパイダーウェブ・ステッチ

ストレート・ステッチは放射状に奇数本に刺し、その糸を交互にくぐらせながら糸を巻きつけていく。

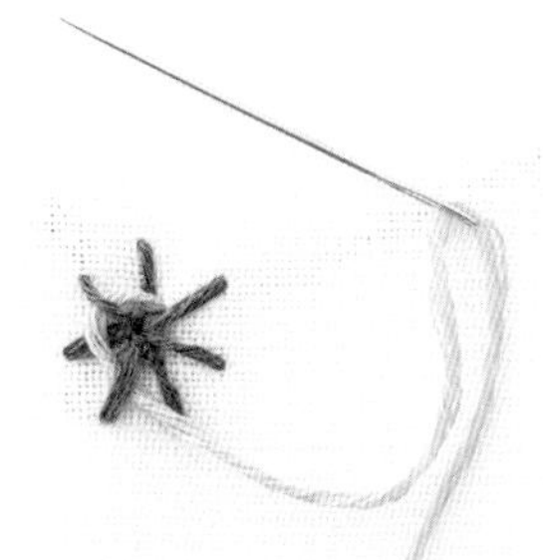

① 7本刺したストレート・ステッチの中心付近から糸を出し、うず巻き状に交互に糸をくぐらせる。

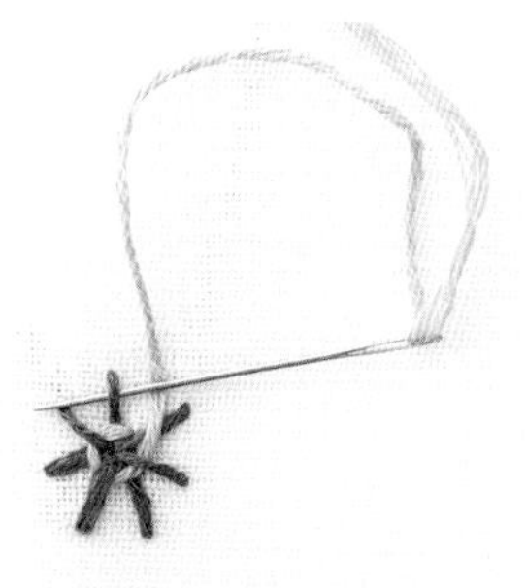

② 前の段と糸が交互になるようにくぐらせる。

R ストレート・ステッチ +フライ・ステッチ

ストレート・ステッチを1目縦に刺したら、続けて下にフライSを繰り返す。

S レゼーデージー・ステッチ +ストレート・ステッチ

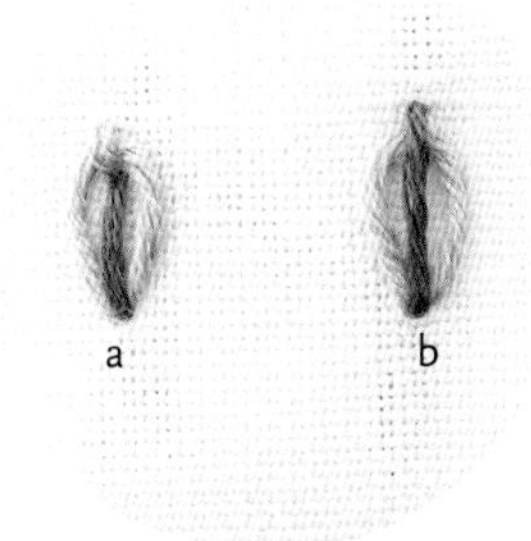

aはストレート・ステッチをレゼーデージー・ステッチの中に刺すことで面となり、bは外に縫いとめることで立体感が出る。作品8と13はbで刺す。

材料

糸

デンマーク製の花糸を使用しています。本書で使用している「OOE 花糸」は、綿100%、光沢がなく自然な風合いで、北欧の森や草原を思わせる草木染めの色合いも特徴的です。
主に1本どりで使います。花糸の代りに25番刺しゅう糸で刺すこともできます。花糸1本どりの場合は25番刺しゅう2本どり、花糸2本どりの場合は4本どりで刺してください。

布

本書の作品では麻100%、1㎝に約15目の平織りの布地を使っています。色は白と生成りの2色です。麻地は洗うと縮むので、あらかじめ水通しをしておきます。

麻布の水通しの方法

① 布を大きめにたたんで、たっぷりの水に30分以上浸す。洗濯機の弱にかけ、軽く脱水する。
② たたくようにしわを伸ばして布の裏を上にして日陰に干す。半乾きの状態で、布目を整えながらドライアイロンをかける。

花糸の色見本

本書で使用した「OOE 花糸」の 20 色です。

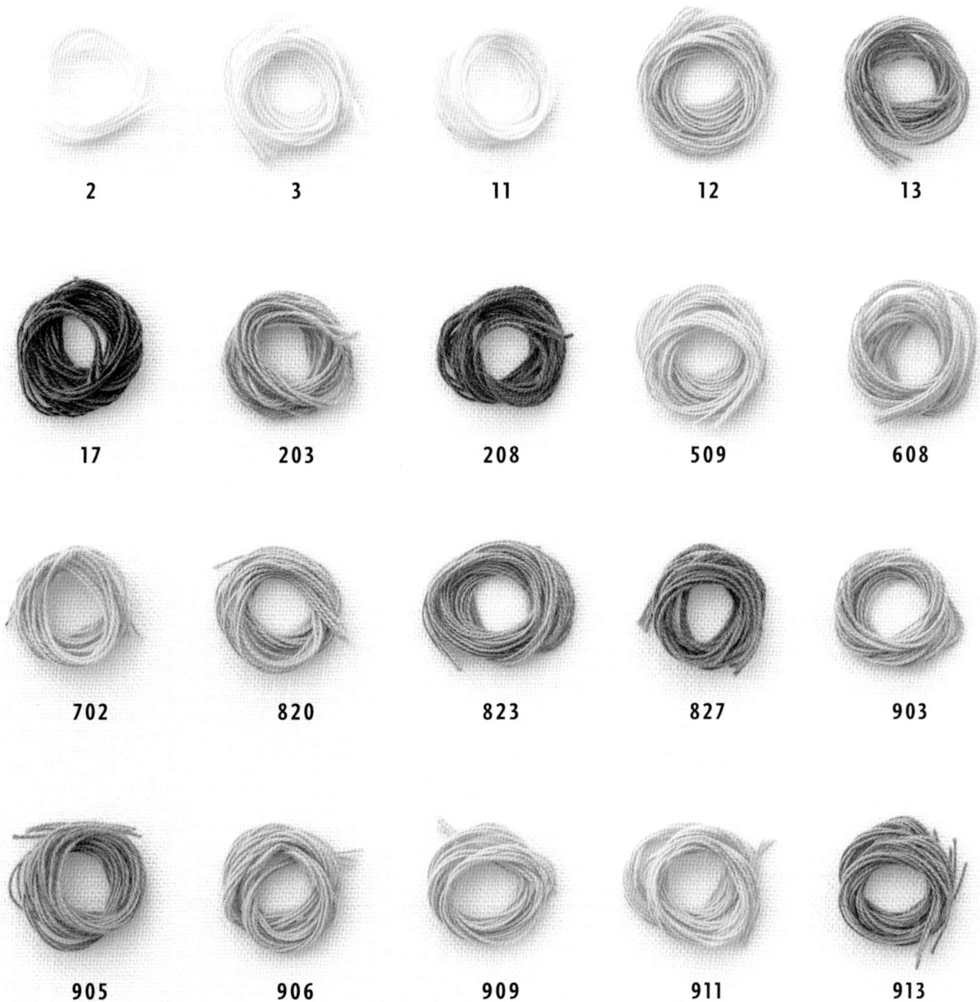

道具

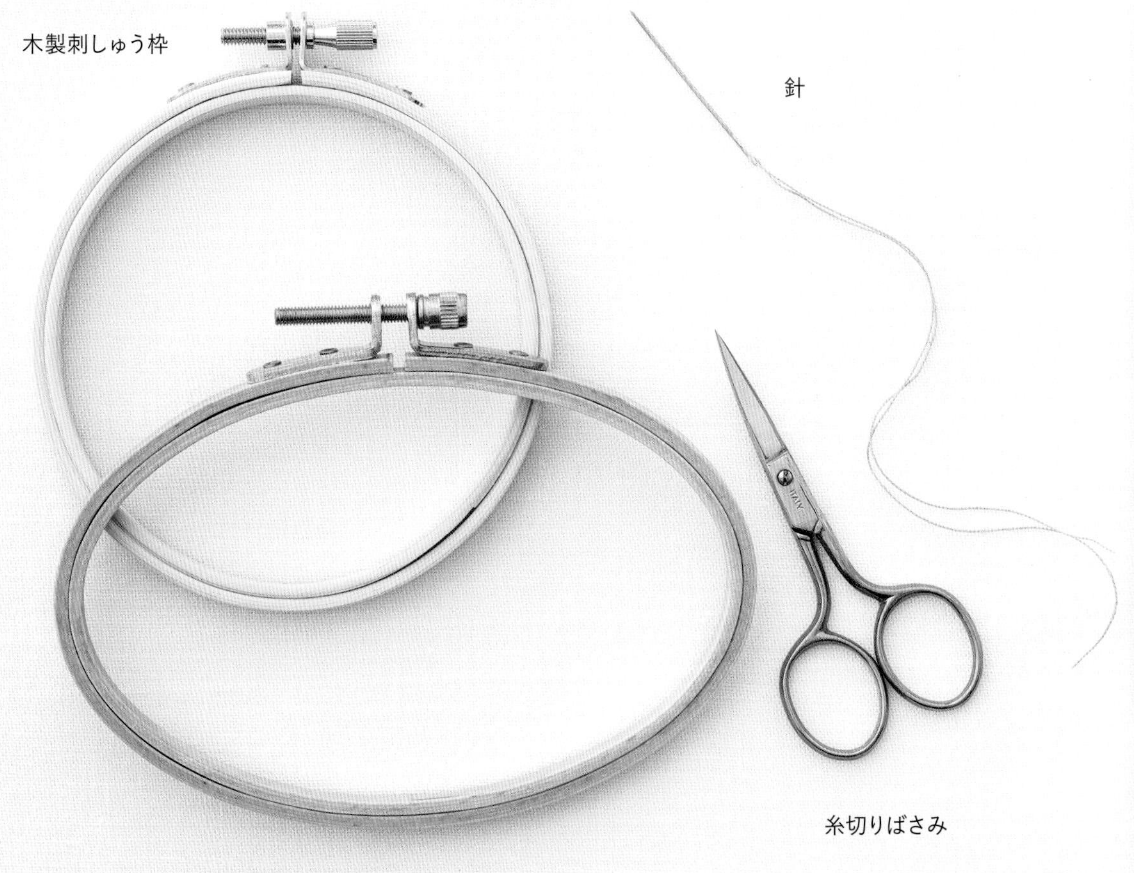

木製刺しゅう枠

刺しゅうをするときに布を固定するための枠です。２つの輪の間に布をはさみ、ねじを締めて布を張ることで刺しゅうがしやすくなります。
本書の作品は、この刺しゅう枠に入れて飾れるようになっています。

針

フランス刺しゅう針の７番、または５番を使います。５番のほうが太く穴が大きめなので糸は通しやすいです。

糸切りばさみ

細い糸をきれいに切るためには、先が細く、とがった専用のはさみを選びます。先が反ってカーブしているものは、布を切ってしまう心配が少ないので安心です。

裁ちばさみ

布を切るためのはさみです。ステンレス製は比較的軽めで、さびに強くお手入れも楽なので、初心者にもよいでしょう。サイズは24cmが標準的ですが、小さめの21cmも扱いやすくおすすめです。

裁ちばさみ

図案の写し方

手順1

本書の図案ページを開き、トレーシングペーパーを重ね、マスキングテープなどで固定します。鉛筆かシャープペンシルで図案をなぞって写します。

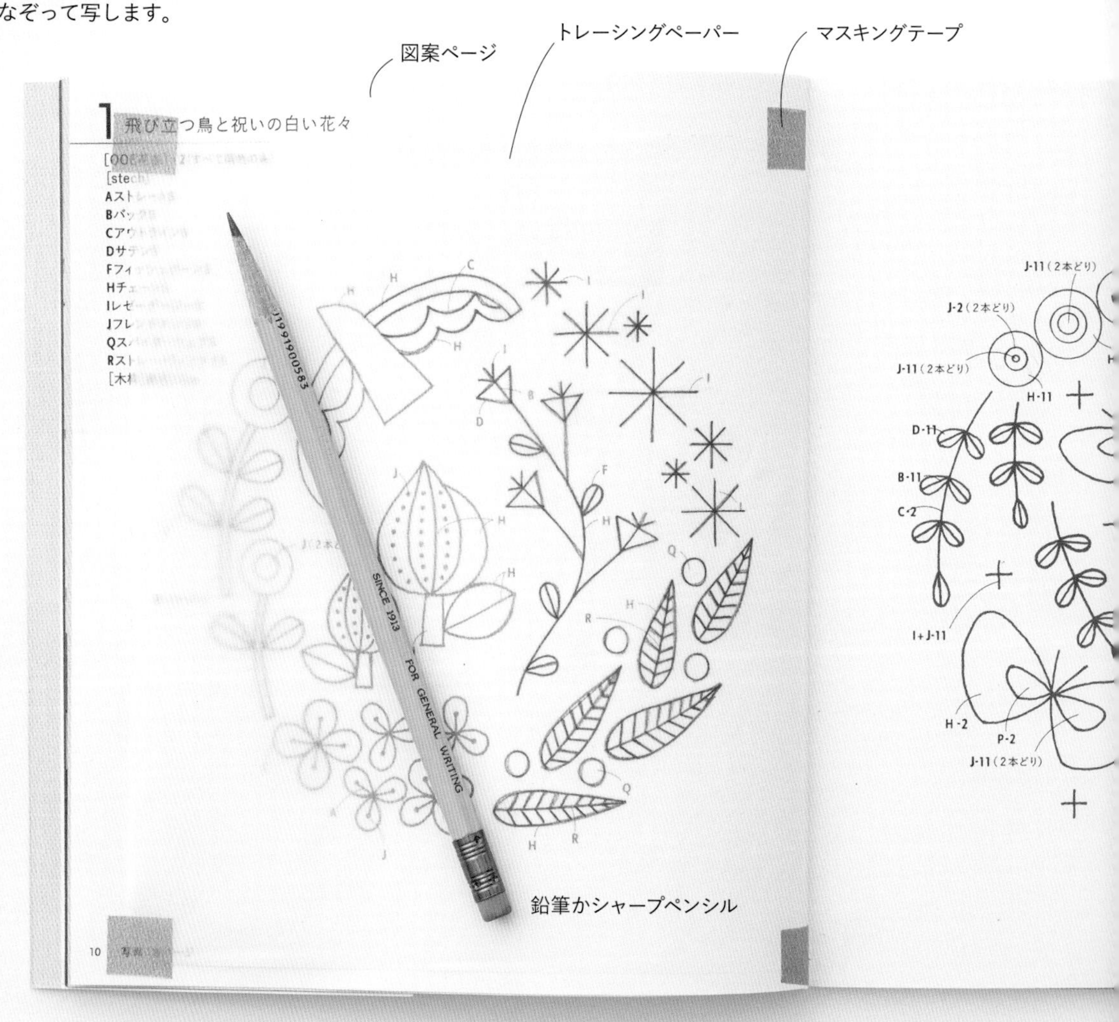

手順 2

トレーシングペーパーに写した図案を布に写します。
① 布を刺しゅうする面を上に広げ、扱いやすい大きさにカットした片面のチョークペーパーを裏返してのせます。
② その上にトレーシングペーパーを重ね、動かないようにまち針で布にとめます。
③ 図案の保護とトレーサーが使いやすいようにセロファンをのせ、トレーサーで図案の線をなぞります。

木製刺しゅう枠への仕立て方

本書の作品に使用した刺しゅう枠は直径15㎝、12㎝、10㎝と縦の楕円 10 × 16㎝、横の楕円 14.5 × 9.5㎝の 5 種類。

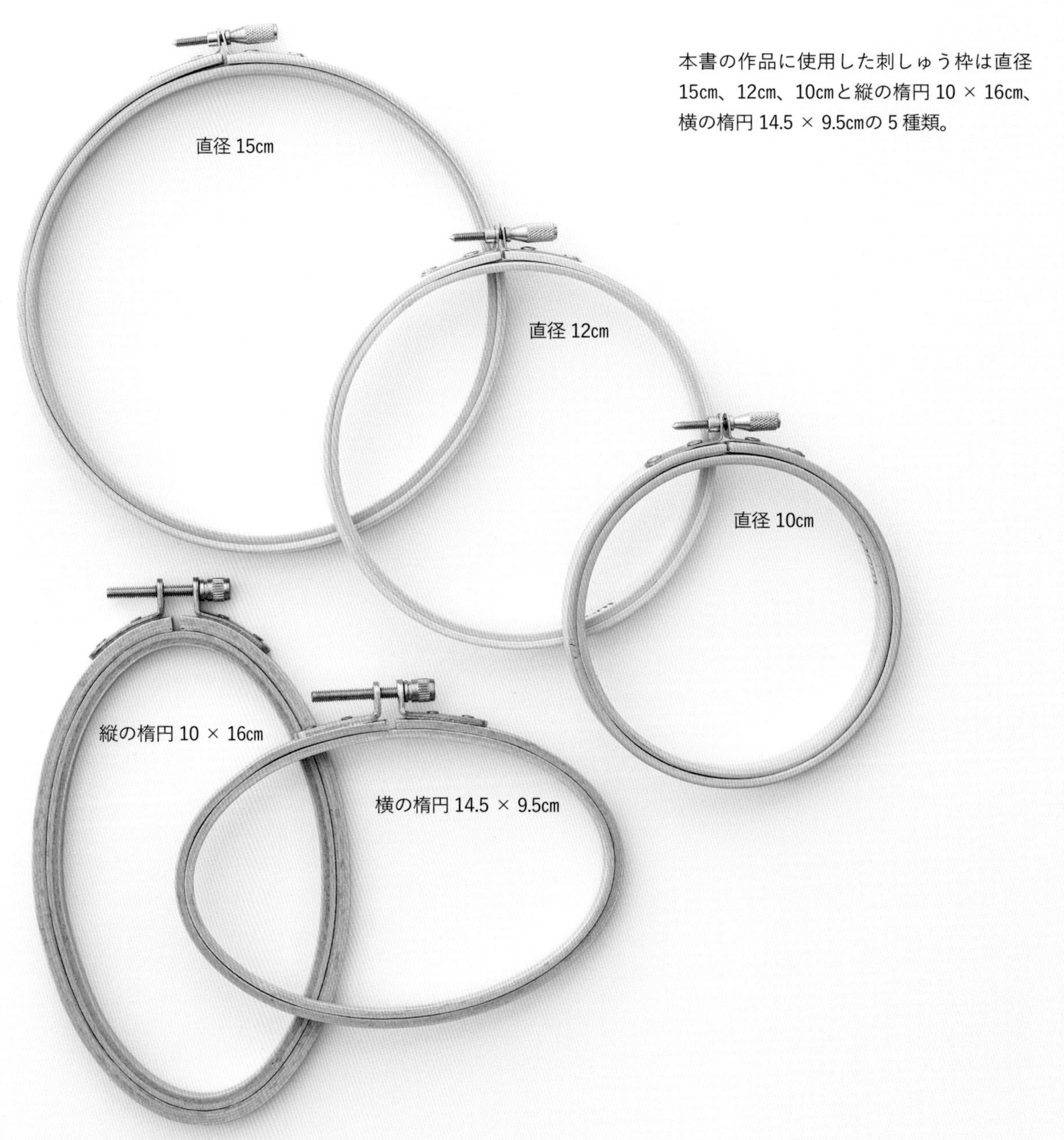

手順とこつ

①内側の枠を置き、その上にアイロン仕上げをした刺しゅう布、さらに金具つきの外側の枠を金具をゆるめてからのせる。

②両方の親指で上(外側)の枠を垂直に押す。

③金具を少し締める。

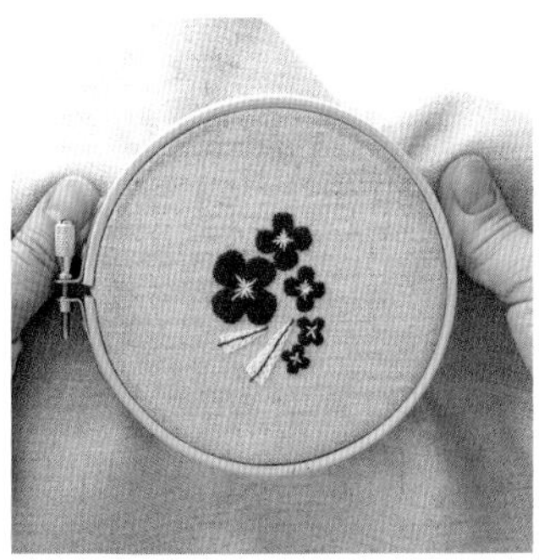

④布を縦横にバランスよく引っ張りながら金具も少しずつ締めていく。

⑤布目が曲がらないようにそろえながら、布を張れるだけ張るのがポイント。

⑥布の余分を約３㎝幅に丸く切る。糸を玉結びして返し縫いをしてから、端から0.5㎝くらい内側を並縫いする。

⑦並縫いの糸を少しずつ引いて、縫い縮める。

⑧並縫いの最後も糸を引いた後、１針分返し縫いをして玉止めをすると、縮めた分が戻らずにきっちり仕上がる。

⑨完成。縦横の布目がゆがまずに、布に張りがあるのがきれいな仕上り。

ブローチの作り方

市販のキットを利用して、ブローチを作ります。図案は 9 ～ 48 ページの作品の一部をブローチ用にアレンジしたものです。仕立て方は 70 ページをごらんください。花や鳥、蝶々のワンポイントをブラウスやニットの衿もとに、いくつか組み合わせてバッグにといろいろお楽しみください。

［stitch］
A ストレートS
B バックS
C アウトラインS
D サテンS
E ロングアンドショートS
F フィッシュボーンS
H チェーンS
I レゼーデージーS
J フレンチノットS
K ジャーマンノットS
M コーチングS
N ブランケットS
P ウィービングS
R ストレートS＋フライS

b1

［OOE 花糸］**2**（すべて同色の糸）

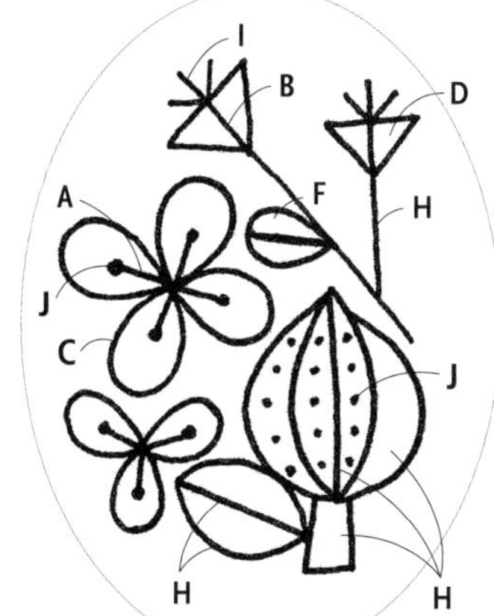

b4

［OOE 花糸］**2・906**

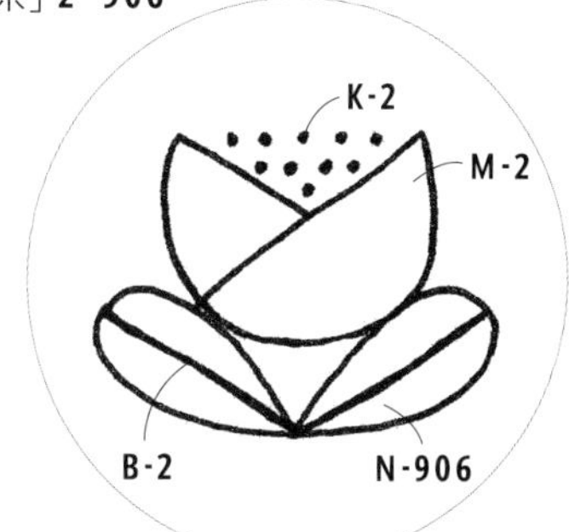

b5

［OOE 花糸］**2・906**

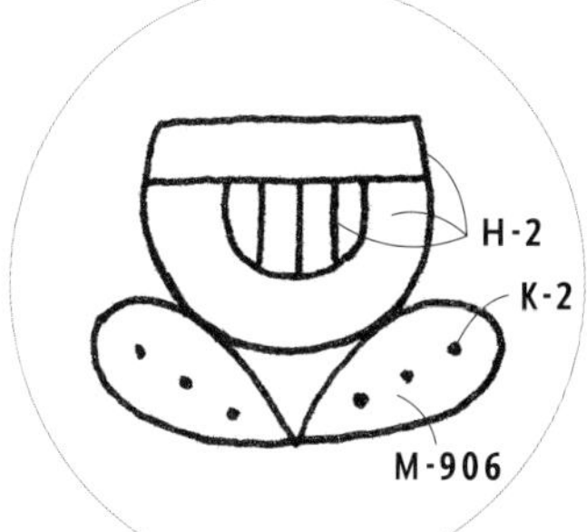

b2

［OOE 花糸］**2・11**

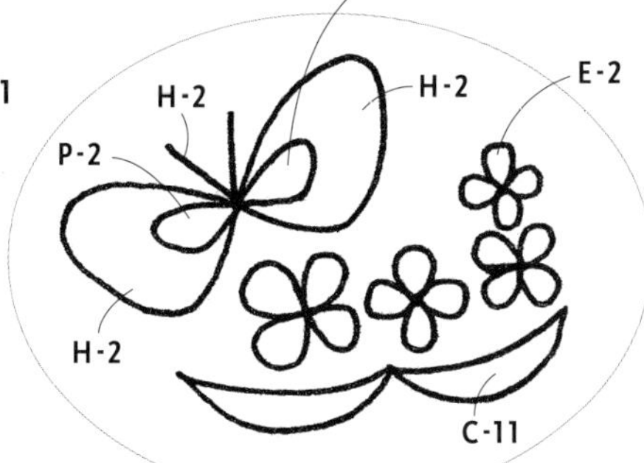

b6

［OOE 花糸］**2**（すべて同色の糸）

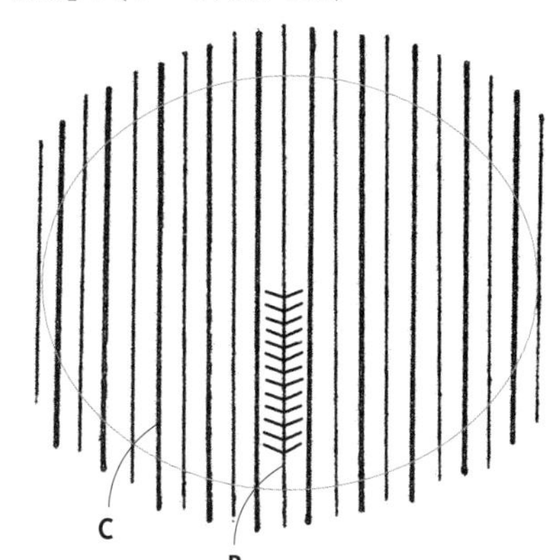

b3

［OOE 花糸］**2・17**

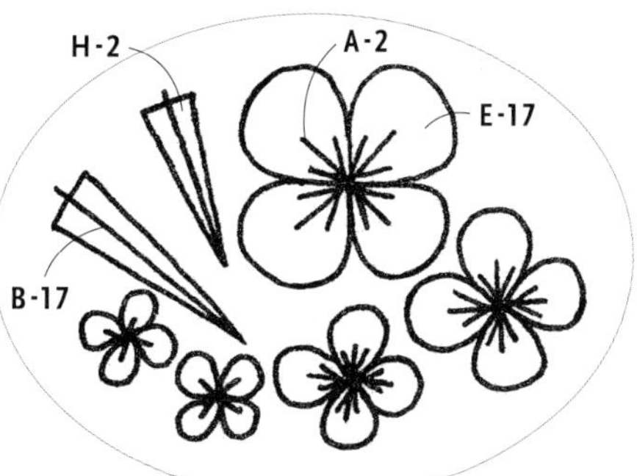

写真：4ページ

[stitch]
A ストレートS
B バックS
C アウトラインS
D サテンS
E ロングアンドショートS
F フィッシュボーンS
H チェーンS
J フレンチノットS
K ジャーマンノットS
Q スパイダーウェブS
S レゼーデージーS
＋ストレートS

b7

[OOE 花糸] **2・906**

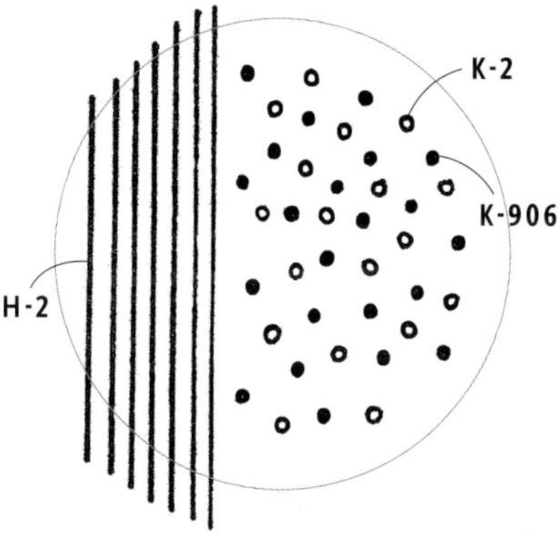

H-2
K-2
K-906

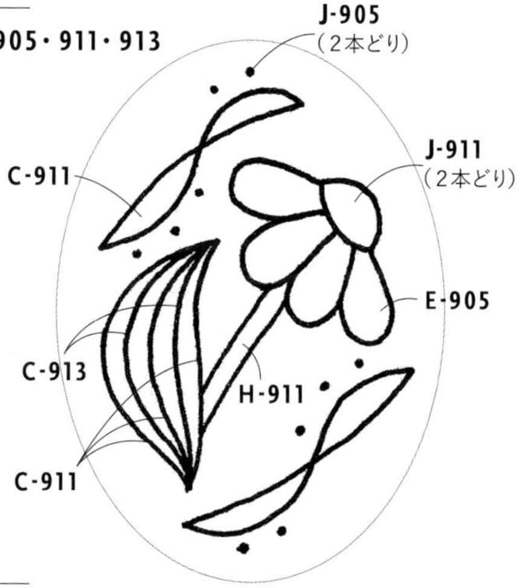

b8

[OOE 花糸] **2・17**

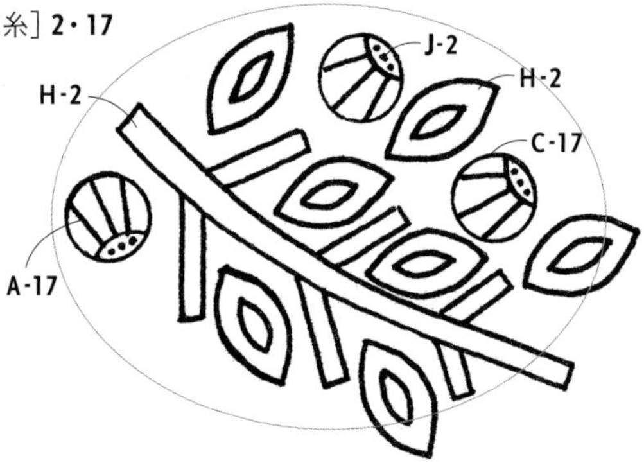

H-2
J-2
H-2
C-17
A-17

b9

[OOE 花糸] **3・12**

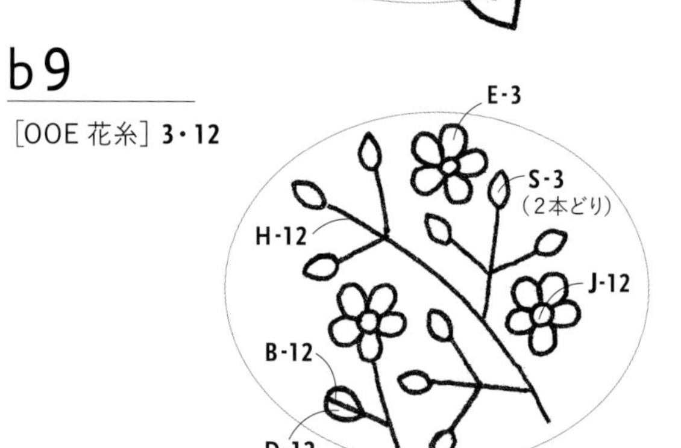

b10

[OOE 花糸] **905・911・913**

J-905
(2本どり)
C-911
J-911
(2本どり)
E-905
C-913
H-911
C-911

b11

[OOE 花糸] **3・13**

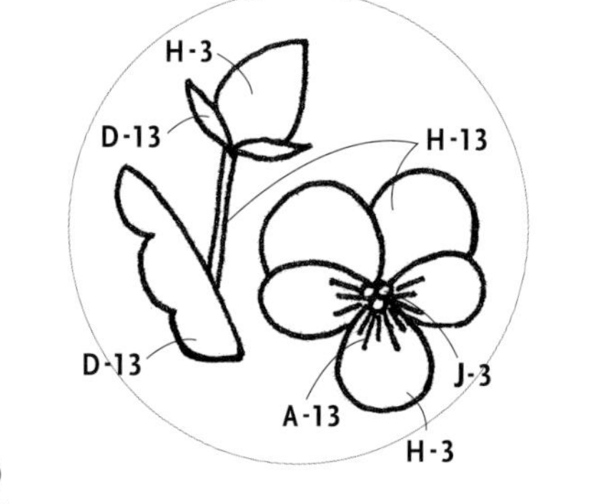

b12

[OOE 花糸] **2・702**(すべて 2色の引きそろえ、2本どり)

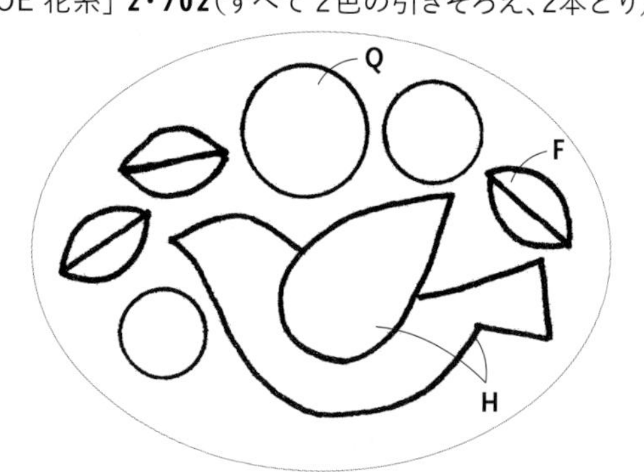

写真：4・5ページ

[stitch]
A ストレートS
C アウトラインS
E ロングアンドショートS
F フィッシュボーンS
H チェーンS
I レゼーデージーS
J フレンチノットS
R ストレートS＋フライS

b13

[OOE 花糸] **2・903・911**

b14

[OOE 花糸] **11・509・827**

b15

[OOE 花糸] **2・13**(すべて2色の引きそろえ、2本どり)

b16

[OOE 花糸] **2**(すべて同色の糸)

b17

[OOE 花糸] **12・608**

b18

[OOE 花糸] **11・702**

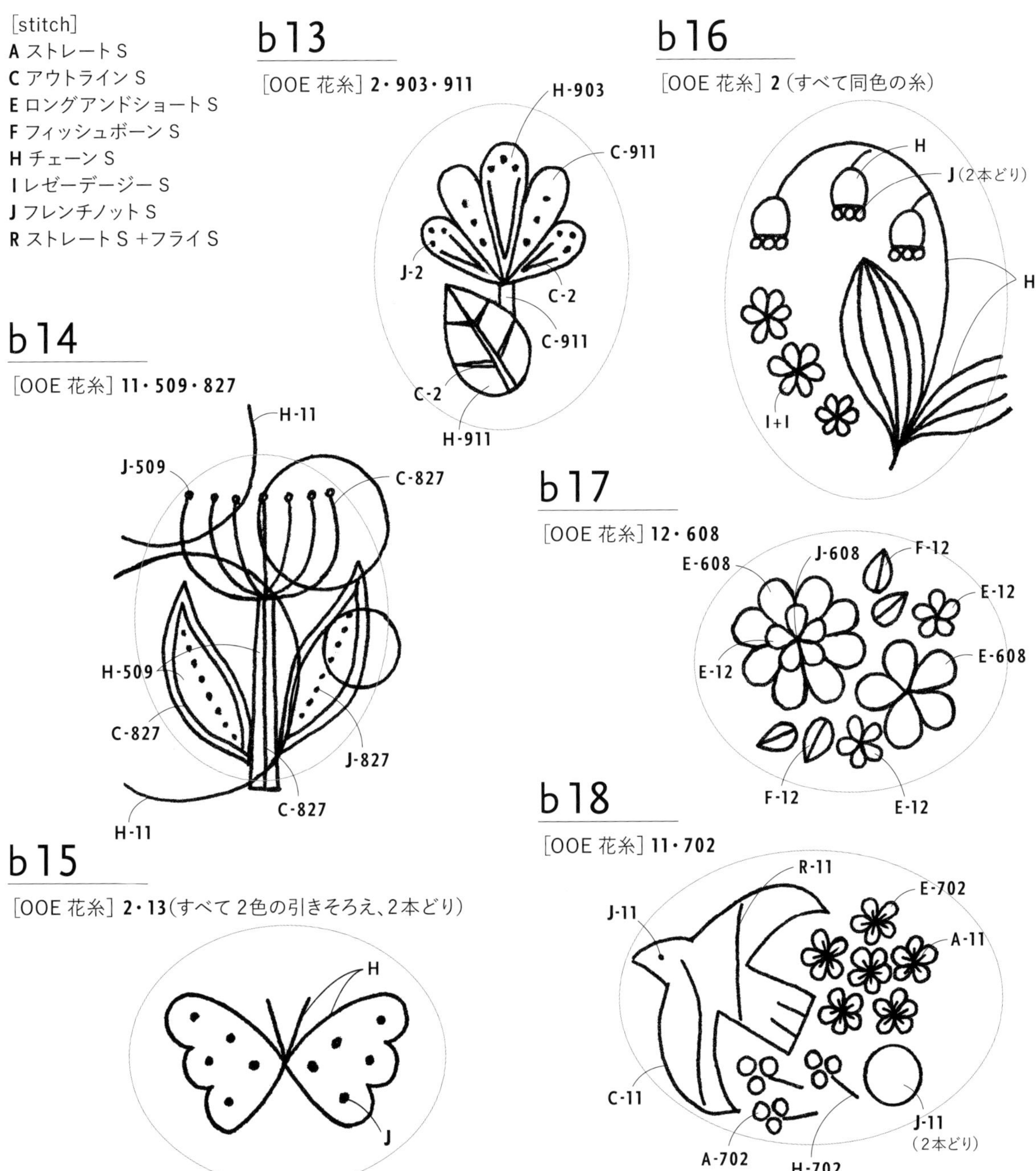

ブローチの仕立て方

①キットの型紙を切り抜き、刺しゅうした布の上に置き内側の仕上り線に合わせて位置を調整する。

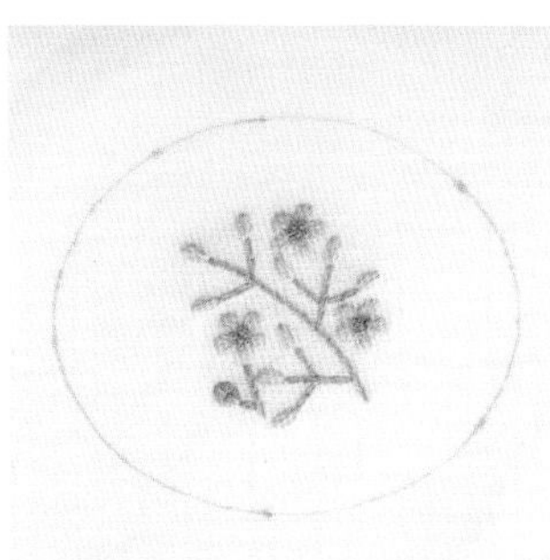

②型紙の外側の周囲を布用印つけペンでかく。

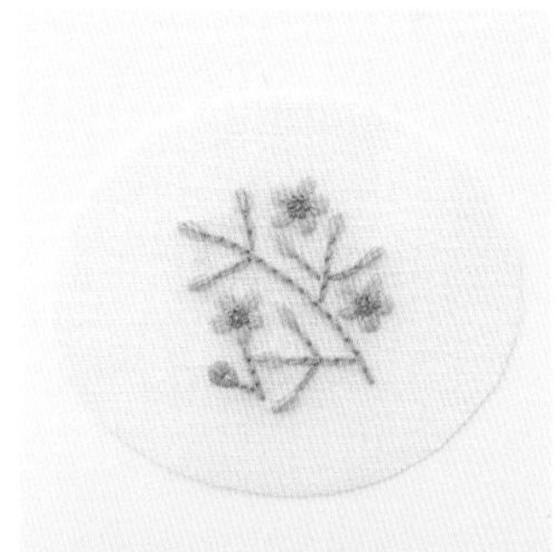

③線にそって布を切る。

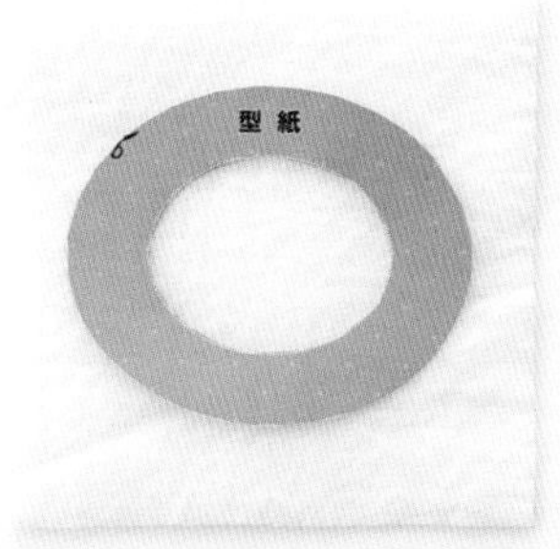

④薄手のキルト芯に型紙を置き、内側の仕上り線を布用印つけペンでかいて切る。

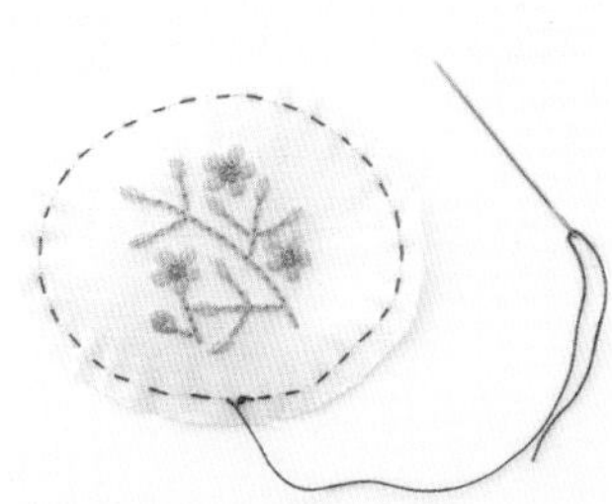

⑤③で切った布の端から0.4〜0.5cm内側をぐるりと0.4cmくらいの針目で並縫いする。

⑥刺しゅうした面を下側にして、キルト芯を重ね、パーツAの裏面を上にして置き、糸を引いて１針返し縫いして玉止めする。

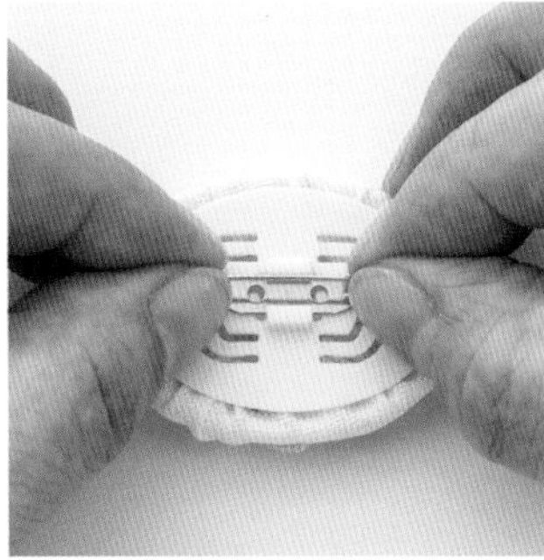

⑦パーツＢにブローチピンを差し込み、⑥の上にのせAの突起とBの穴を合わせて強く押し込む。

⑧音が鳴ったらきちんとはまった状態。

⑨キルト芯を間に入れることで刺しゅう糸のあたりが出ず、ふっくらと仕上がる。

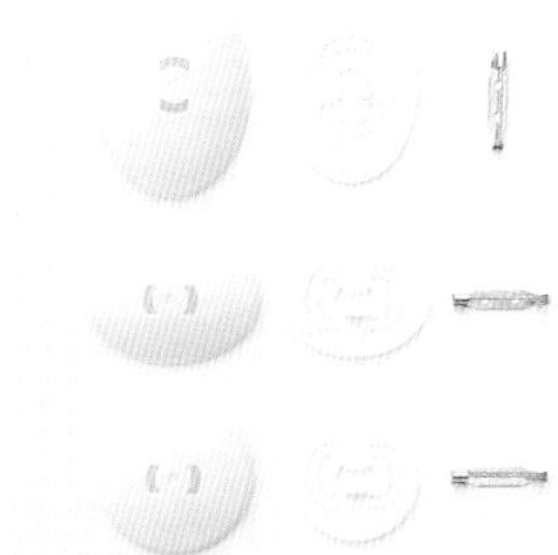

ブローチのキット「くるみボタンブローチセット」。各サイズとも2つのパーツとブローチピン入り（上からオーバル55㎜7個入り、オーバル45㎜7個入り、サークル40㎜7個入り）クロバー

シライカズミ
1973年、奈良県橿原市生れ。（財）日本手芸普及協会刺しゅう講師科卒業。麻布、こだわりの刺しゅう糸を使った刺しゅう作家として、「ironna happa」の活動を開始。独特の風合いを持った色づかい、小さな図案の中で、一つ一つ細やかに表現されるステッチが魅力。委託やイベント出展での販売、ワークショップなどを中心に活動を行なっている。主な著書に『刺繡で描く小さなモチーフ』（文化出版局刊）ほか。
https://www.ironnahappa.com/
インスタグラム　@ironnahappa

材料・用具提供

越前屋
http://www.ehizen-ya.net
電話03-3281-4911
OOE花糸

クロバー
https://clover.co.jp
電話06-6978-2277
用具（トレーサー、チャコピー、くるみボタン　ブローチセット、布切はさみ）

ブックデザイン　若山嘉代子 L'espace

撮影　福田典史（文化出版局）

DTP製作　大須賀明子（文化出版局）

校閲　向井雅子

編集　大沢洋子、鈴木百合子（文化出版局）

ironna happaの刺しゅう
20の花物語

2021年9月19日　第1刷発行

著者　シライカズミ
発行者　濱田勝宏
発行所　学校法人文化学園 文化出版局
〒151-8524　東京都渋谷区代々木3-22-1
電話03-3299-2479（編集）
　　03-3299-2540（営業）
印刷・製本所　株式会社文化カラー印刷

文化出版局のホームページ　http://books.bunka.ac.jp